Wilhelm Schäffer

Freiheit gewinnen - Freiheit gestalten

Wilhelm Schäffer

Freiheit gewinnen - Freiheit gestalten

Ein Begleiter durch die Fastenzeit

Fromm Verlag

Imprint
Any brand names and product names mentioned in this book are subject to trademark, brand or patent protection and are trademarks or registered trademarks of their respective holders. The use of brand names, product names, common names, trade names, product descriptions etc. even without a particular marking in this work is in no way to be construed to mean that such names may be regarded as unrestricted in respect of trademark and brand protection legislation and could thus be used by anyone.

Cover image: www.ingimage.com

Publisher:
Fromm Verlag
is a trademark of
International Book Market Service Ltd., member of OmniScriptum Publishing Group
17 Meldrum Street, Beau Bassin 71504, Mauritius

Printed at: see last page
ISBN: 978-613-8-35428-4

INHALTSVERZEICHNIS

3. Woche: **Wege zu mehr Freiheit**

4. Woche: **Die Freiheit der Kinder Gottes**

5. Woche: **Frei in Christus**

6. Woche / Karwoche: Hin zur inneren Freiheit

Übungen für mehr Freiheit

❖ Das Blatt S. 119-120 kann ggf. herausgetrennt und als „Leitkarte“ oder Buchzeichen verwendet werden.

EINIGE LITERATURHINWEISE

Instruktion der Kongregation für die Glaubenslehre über die christliche Freiheit und die Befreiung. 22. März 1986. Herausgegeben vom Sekretariat der Deutschen Bischofkonferenz: Verlautbarungen des Apostolischen Stuhls Nr. 70.

Bieri, Peter; Das Handwerk der Freiheit : Über die Entdeckung des eigenen Willens. Carl Hanser Verlag : München-Wien 2001.

Fromm, Erich; Die Furcht vor der Freiheit. Deutscher Taschenbuch-Verlag : München 1990; dtv-Taschenbuch Nr. 35024.

Rohr, Richard; Das Wahre Selbst : Werden, wer wir wirklich sind. Verlag Herder : Freiburg im Breisgau 2013.

Schockenhoff, Eberhard; Erlöste Freiheit : Worauf es im Christentum ankommt. Verlag Herder : Freiburg im Breisgau 2012.

Arbeit mit einer Gruppe

Man kann dieses Buch auch als Grundlage für einen *„Geistlichen Übungsweg“ mit einer Gruppe* gebrauchen. Zu diesem Zweck gibt es eine Arbeitshilfe, die beim Autor kostenlos als E-Mail-Anlage (im DOC- und PDF-Format) angefordert werden kann!

❖ *Bestellen Sie bei:* wilhelm.schaeffer@web.de

Zur Einführung

Freiheit

„Freiheit“ ist ein Schlüsselbegriff für die moderne Kultur. Alle wünschen sich mehr Freiheit, und nichts ist den Menschen so heilig wie ihre Freiheit. Fragt man jedoch, was „Freiheit“ eigentlich bedeutet, erhält man häufig unklare Antworten. Wer in Ketten liegt, weiß, was Freiheit für ihn bedeutet. Doch wer keinen äußeren Beschränkungen unterliegt – ist der schon wirklich frei? Häufig offenbaren sich gerade dann die inneren Unfreiheiten. Und wenn ich „tun und lassen kann, was ich will“ – bin ich dann frei? Eine solche Freiheit bleibt leer. Sie muss mit Inhalt gefüllt, also *gestaltet* werden. Doch nach welchen Maßstäben? Am ehesten noch gemäß dem, was mir persönlich im Innersten entspricht. „Freiheit“ hat also viel mit Selbstfindung zu tun. Doch selbst dann noch laufen wir Gefahr, an der Oberfläche hängen zu bleiben. Freiheit zu gewinnen und zu gestalten, das ist eine höchst anspruchsvolle Aufgabe! Sie muss immer neu angegangen werden. Dieser Begleiter durch die Fastenzeit will helfen, sich auf einen solchen Weg wachsender innerer Freiheit und Selbstfindung zu begeben.
Lange Zeit tat sich die Kirche (vor allem die katholische) mit der modernen Freiheits-Idee schwer. Noch im 19. Jahrhundert verurteilte *Papst Pius IX.* die bürgerlichen Freiheiten als „Irrtümer der Neuzeit“. Erst seit dem 2. Vatikanischen Konzil würdigen kirchliche Äußerungen die Freiheit positiver. Dabei ist in der Heiligen Schrift viel von Freiheit die Rede: Gott tritt auf als Befreier des Volkes Israel aus der Knechtschaft in Ägypten. Jesus befreit Menschen von allem, was sie gefangen hält: Krankheit, Sünde, Angst, geistige Enge usw. Paulus verkündigt die Freiheit vom „Gesetz“ und von der „Knechtschaft der Sünde“. Müsste das Christentum nicht *die* Religion der Freiheit sein? Leider ist für viele Christen ihr Glaube eher mit Zwängen, Kontrolle und Unfreiheit verknüpft.[1)] Eine Katastrophe! Es wird Zeit, einiges neu zu entdecken: den Gott der Freiheit ... die befreiende Kraft des Evangeliums ... und damit die „Freiheit der Kinder Gottes“. Auch hierzu will dieses Buch anleiten.

Das Thema „Freiheit“ ist ein weites und vielschichtiges Feld. In diesem Buch soll es vor allem um die innere Freiheit des Menschen gehen, um den Weg vom „Ego“ zum „wahren Selbst“, um Freiheit durch Selbstfindung – und in all dem um die befreiende Kraft des christlichen Evangeliums. Die *geistliche* Dimension von Freiheit steht also im Mittelpunkt. Fragen um die politische Freiheit werden eher am Rande berührt. Auch wenn sie weltweit längst nicht überall besteht – in unserem Land genießen wir ein so hohes Maß an politi-

scher und gesellschaftlicher Freiheit, dass dies hier einfach vorausgesetzt wird. Dafür treten die Fragen nach der Befreiung aus *inneren* Fesseln und Zwängen ins Licht, sowie Fragen um die *Gestaltung* von Freiheit. Denn Freiheit zu *gewinnen* ist erst der halbe Erfolg. Freiheit muss auch *gestaltet,* das heißt mit Inhalt und Sinn gefüllt werden!
Auch das, was Philosophen zum Thema „Freiheit" geschrieben haben, wäre ein weites Feld. Es wird eher am Rande von Fall zu Fall berührt. Ebenso die Beiträge der Naturwissenschaften (Hirnforschung, Verhaltensforschung...) sowie der Psychologie. Immer geht es vorrangig um *lebenspraktische* Fragen nach einem Leben in (innerer und äußerer) Freiheit.
Einige philosophische Hintergrund-Überlegungen finden sich am Ende des Buches (S. 113-117).

Die Themen der Wochen

- „Freiheit" ist das Zauberwort der modernen Kultur. Doch was meint Freiheit? Worin besteht sie? Wie frei sind wir wirklich? Die Freiheit des Menschen wird auch bestritten – tun wir nur, was wir tun müssen? Mit solchen Fragen befassen wir uns in der *ersten Woche.*
  Freiheit muss oft erst gewonnen werden. Auch wo äußere, politische Freiheit herrscht, sind wir innerlich nicht immer frei. Hier spüren wir: Einfach nur „tun und lassen können, was man will", ist eine leere Freiheit. Freiheit will *gestaltet* und mit Inhalt, ja Sinn gefüllt werden.
- Freiheit ist mit Sinn erfüllt, wenn ich in Einklang mit mir selbst, mit meinem innersten Wesen leben kann. Sie hat also viel mit Selbstfindung oder Selbstverwirklichung (im Sinne des Wortes: „Verwirklichung des Selbst"!) zu tun. Doch dies ist nicht einfach: Wir Menschen sind gespalten zwischen unserem „Oberflächen-Ich" und dem tieferen Wesen. Das „Ego" hält uns gefangen. Der Weg vom „Ego" zu einem Leben aus dem innersten Selbst ist ein anspruchsvoller Weg der Selbsterkenntnis, der Wandlung und des Wachstums. Wie wir uns auf diesen Weg begeben können, darum geht es in der *zweiten Woche.*
- In der *dritten Woche* befassen wir uns mit konkreten Schritten und Wegen, um zu mehr innerer Freiheit zu gelangen. Dazu muss ich wahrnehmen können, was ich *wirklich* will. Ich brauche Maßstäbe für Entscheidungen. Dann vermag ich verantwortet mit meiner Freiheit umzugehen.
  Jeder Mensch ist geprägt von seiner Lebensgeschichte und von der Gesellschaft, in der er lebt. Um frei zu sein, muss ich mich damit auseinandersetzen. Viele Normen und Prägungen werde ich bejahen und mir bewusst aneignen können, von anderen muss ich mich befreien – beson-

ders von einengenden „Negativ-Botschaften". Die Übung des Schweigens und der Stille kann helfen, mehr zu sich selbst zu kommen.

- In der Heiligen Schrift ist erstaunlich oft von „Freiheit" die Rede: Gott tritt als Befreier seines Volkes auf, und Jesus befreit Menschen von Mächten des Unheils wie körperlicher und seelischer Krankheit, Schuld und Unversöhntsein, Angst und Einsamkeit. In *der vierten Woche* geht es daher darum, den „Gott der Freiheit" neu zu entdecken.
  Wie leicht verfallen wir Abhängigkeiten („Götzen"), die uns unfrei machen! Die Hinwendung zum lebendigen Gott bewirkt eine innere Unabhängigkeit. Indem wir dem Ruf Gottes folgen, der immer neu an uns ergeht, beschreiten wir einen Weg, das zu entdecken und zu verwirklichen, was Gott uns ins Herz gelegt hat, was also unser tiefstes Wesen ausmacht. „Gottes Willen erfüllen" und „zu sich selber finden" gehen Hand in Hand! Insbesondere die Erfahrung der Liebe Gottes macht uns frei – frei auch zur Liebe zu den Mitmenschen, denn nun *wollen* wir nichts anderes mehr, als ganz aus der Liebe zu leben.
- In der *fünften Woche* geht es um die „Freiheit in Christus". Sie besteht vor allem in einem neuen Umgang mit dem „Gesetz" und mit der menschlichen Fehlbarkeit. Gebote sind „Wegweiser", doch kein Mittel zur Erlösung. Das befreit von allem Leistungsdenken – in der Religion ebenso wie im gesellschaftlichen Leben.
  Weil Gott barmherzig ist, braucht Schuld uns nicht mehr zu belasten. Wir dürfen aus der Vergebung leben. Das befähigt dazu, auch einander immer neu zu vergeben, und unser Zusammenleben zu einem Raum der Annahme und Freiheit zu formen. Obwohl wir fehlbare Menschen bleiben, verliert der Zwang zum Bösen seine Macht.
- In der *sechsten Woche (ggf. = Karwoche und Ostern)* befassen wir uns mit weiteren befreienden Auswirkungen des christlichen Glaubens, gegebenenfalls unter Bezug zu den entsprechenden Feiertagen: Freiheit zum Dienen; innere Heilung; Befreiung von Angst, Einsamkeit und innerer Leere; Freiheit zur Hingabe; Sinngebung für das Leiden; Sieg über Tod und Todesangst.

Übungen, um mehr Freiheit zu gewinnen

Ergänzend sind beigefügt einige, zum Teil meditative *Übungen*, die helfen können, mehr innere Freiheit zu gewinnen.

PRAKTISCHE HINWEISE

Aufbau des Buches

„Freiheit gewinnen – Freiheit gestalten“ enthält keine längeren Artikel, sondern erarbeitet das Thema „Freiheit“ auf eine besondere, leicht zugängliche Weise, nämlich in Form von täglichen Besinnungen über einen gewissen Zeitraum hinweg – in diesem Fall entlang der Fastenzeit. Das Buch ist allerdings auch unabhängig von der Fastenzeit zu gebrauchen.

Jede Wochen-Einheit hat ein Leit-Thema. Tag für Tag führen die Besinnungen in einen Aspekt von Freiheit ein, und setzen so nach und nach, wie ein Mosaik, ein Gesamtbild zusammen.

Jeweils sechs Tage einer Woche erarbeiten einen eigenen Leitgedanken. Der siebte Tag ist dem Wochenrückblick gewidmet.

❖ Zu den Themen der einzelnen Wochen: siehe die Einführung, S. 6-7.

Die einzelnen Tagesbesinnungen sind (mit Ausnahme von Karwoche und Ostern) bewusst nicht bestimmten Tagen der Fastenzeit zugeordnet. Der 1. Tag der 1. Woche kann also bereits der Aschermittwoch sein. In diesem Fall bleiben vor der Karwoche einige Tage frei. Der Leser bekommt damit einen gewissen Spielraum: Findet man an einem Tag nicht die Zeit für die Besinnung, oder möchte man einen Tag länger bei einem Thema verweilen, kann man danach einfach mit der folgenden Tagesbesinnung weitermachen, ohne etwas überspringen oder nachholen zu müssen.

Zur täglichen Meditation

Man kann dieses Buch mehr oder weniger intensiv nutzen. Die täglichen Besinnungsanregungen lassen sich in wenigen Minuten lesen. In die Tiefe dringen sie allerdings erst, wenn man sich Zeit nimmt:
... um in der Stille anzukommen;
... die Anregungen in sich einsickern und arbeiten zu lassen;
... die *für mich heute* wichtigen Impulse zu erspüren;
... ggf. mit Gott darüber ins Gespräch zu kommen.
Hierzu leitet die folgende „Gebrauchsanweisung“ an.

Aufbau

Die täglichen Besinnungen sind nach einem stets gleichbleibenden Muster aufgebaut:

- Angabe des Tagesthemas in der Überschrift.
- Einstimmende Übung und Stille zur Sammlung.
- Impulse zum Tagesthema.
- Zeit zum Verweilen und Nachdenken.
- Anregungen zum Gebet.
- Impuls für den Tag.

Einstimmung

Zu Beginn meiner Betrachtung entspanne ich mich. Ich nehme wahr, wie ich sitze – im Kontakt mit der Erde, aufgerichtet zum Himmel.
Ich versuche, ganz im Hier und Jetzt da zu sein, und Abstand zu allem anderen zu gewinnen.
Ich sammle mich auf Gott hin, und verweile vor ihm.
Ich bitte um Offenheit für das, was er mir heute zeigen will.

- Die „einstimmende Übung zur Sammlung“ (siehe S. 11-13; Kurzfassung: S. 119) bietet hierzu eine Anleitung. Sie kann täglich in gleicher Form durchgeführt werden.

Für diese Einstimmung lasse ich mir genügend Zeit, bis ich wirklich ganz gegenwärtig und aufnahmefähig geworden bin. Bevor ich den Besinnungstext lese, verweile ich noch ein wenig in der Stille.

Impulse zur Besinnung

Nun beginne ich, langsam die Impulse „Zur Besinnung“ zu betrachten. Sie geben Gedankenanstöße zum jeweiligen Tagesthema. Über die Ideen hinaus wollen sie ein Stück *Erfahrung* vermitteln. Deshalb sind sie zuweilen „selbstreflektierend“ in „ich“-Form abgefasst: Es geht darum, dass ich die Übungen und Besinnungen möglichst intensiv mitvollziehe und dabei als Person wachse.
Es kann sinnvoll sein, zuerst die gesamte Besinnung zu lesen, um den Zusammenhang zu erfassen. Dann betrachte ich den Text noch einmal, langsam und aufmerksam, Abschnitt für Abschnitt. Wenn mich etwas besonders anspricht oder persönlich betrifft, halte ich inne und verweile länger dabei. Es mag sein, dass gerade darin *Gott* zu mir sprechen will – hier und jetzt.
Wichtiger als alle Einzelheiten zu erfassen ist, dass ich dabei „mein Wort“ entdecke – das, was *mich* angeht: vielleicht nur *einen* Gedanken oder prakti-

schen Impuls, der mich berührt, und den ich mir bewahren will, um daraus zu leben. „Nicht das viel Wissen sättigt die Seele", sagt *Ignatius von Loyola*, „sondern das Fühlen und Kosten der Dinge von innen!"

Zeit zum Verweilen und Nachdenken

Nach der Lektüre bleibt Zeit, alles noch einmal nachklingen zu lassen. Hier geht es weniger darum, weitere Gedanken zu entwickeln, sondern das Gelesene in die Tiefe sinken zu lassen, wo es nachhaltig weiterwirken kann.
Ich warte geduldig, und gebe noch einmal der Stille Raum.
Wichtige Gedanken, Einsichten und Fragen, die ich festhalten will, kann ich mir aufschreiben. Dazu empfiehlt es sich, ein „geistliches Tagebuch" anzulegen. Einsichten und Entschlüsse wirken so nachhaltiger. Ich kann später erneut darauf zurückgreifen.

Gott begegnen: Anregungen für das Gebet

Üben, Nachdenken und Schweigen sollen ins *Gebet* münden. Jede Besinnung enthält Anregungen dafür, die auf das Tagesthema abgestimmt sind. Dies will jedoch nur eine Hilfe sein. Wichtiger ist, dass ich selbst zu einer persönlichen Zwiesprache mit Gott gelange, ihm innerlich nahe komme und in seiner liebenden Gegenwart verweile.
Wie mit einem Freund darf ich mit Gott sprechen und mich ihm anvertrauen. Hier haben auch persönliche Dank- und Fürbitt-Gebete ihren Platz. Wenn mir etwas schwierig erscheint, mich herausfordert oder gar überfordert, bitte ich um Klarheit und Kraft.
Dann kann ich noch eine Weile im Schweigen verharren.
Es ist sinnvoll, mit einem festen Gebet abzuschließen: z.B. dem Vaterunser, oder einem Gebet nach eigener Wahl.

- Einige Gebetsvorschläge zur Einstimmung und zum Abschluss der Tagesbesinnungen finden sich auf S. 120.
  Diese Seite kann ggf. herausgetrennt und als „Leitkarte" oder Buchzeichen verwendet werden.

Impuls für den Tag

Der letzte Abschnitt gibt jeweils eine praktische Anregung. Oft werde ich jedoch eigene Ideen dafür finden. Sie haben immer den Vorrang! Ich kann sie auch auf einen Zettel notieren, der mich durch den Tag begleitet.

Wiederholen

Wenn eine Besinnung mich sehr stark beschäftigt, kann ich sie am nächsten Tag wiederholen. Nicht alle Tage der Fastenzeit sind gefüllt, so dass hierfür etwas Spielraum bleibt.

Rückblick auf die Woche

Der jeweils 7. Tag bringt kein neues Tagesthema, sondern leitet an zu einem „Rückblick auf die Woche". Der Aufbau folgt jedoch dem Muster der anderen Tagesbesinnungen.
Dieser Wochenrückblick soll helfen, noch einmal einen Überblick zu bekommen und das Wichtigste, das man sich bewahren möchte, in Erinnerung zu rufen. Auch hier kann man sich Notizen ins „geistliche Tagebuch" machen.

EINSTIMMENDE ÜBUNG ZUR SAMMLUNG

Diese Übung steht jeweils am Beginn jeder Tagesbesinnung. Die folgende Anleitung ist recht ausführlich und geht auch auf praktische Aspekte der Meditations-Methodik ein. Die „Technik" des Meditierens ist weitgehend der aus Japan stammenden Zen-Meditation entlehnt.
Wer schon mehr Erfahrung hat, wird vielleicht eine so detaillierte Anleitung nicht mehr benötigen. Jeder möge also die Einstimmung in der Weise (knapper oder ausführlicher) durchführen, wie sie ihm entspricht.

- Eine Kurzfassung der Übung findet sich auf S. 119.
- Sie können den Text auch aufnehmen und als Einstimmung zu Ihrer Meditation laufen lassen. Sprechen Sie langsam und ruhig, mit Pausen nach den einzelnen Schritten der Übung.

Ankommen

Ich habe jetzt Zeit, Zeit zum Ankommen. Ich setze mich hin, in meiner gewohnten Meditations-Haltung, und komme zur Ruhe.

Meditationsgerecht sitzen

Wer eine der „klassischen" Formen meditativen Sitzens (Lotus- oder Fersensitz) beherrscht, wird diesen einnehmen und dafür wohl keine besondere Anleitung mehr benötigen. Ansonsten genügt auch ein normaler Stuhl.

Ich setze mich so hin, dass eine ausgeglichene Haltung entsteht. Hüfte, Knie und Fußgelenk bilden jeweils einen rechten Winkel (zum Höhenausgleich hilft eine gefaltete Decke unter den Fußsohlen bzw. auf dem Sitz). Die Lehne des Stuhls darf mir helfen, aufrecht zu sitzen: Ich rücke so nahe an sie heran, dass sie zumindest im Kreuzbereich den Rücken stützt.

Den Leib fühlen

Nun spüre ich in meine Leibmitte hinein: in den unteren Bauchraum, unterhalb des Nabels. Von dieser Mitte aus richte ich mich auf. Die Wirbelsäule kommt ins Lot; ich nehme ihre aufrichtende Kraft wahr. Ihr vertraue ich mich an. Ich kann mich jetzt im Rücken wieder loslassen, ohne zusammenzusinken oder umzukippen. So sitze ich in einem entspannten Gleichgewicht: gerade und aufrecht, doch ohne mich anstrengen zu müssen.
Meine Hände ruhen auf den Oberschenkeln, oder schalenförmig ineinander gelegt im Schoß. Unter mir nehme ich den Boden wahr, der mich trägt, und ggf. die Sitzfläche des Stuhles oder Hockers.
Die Augen können geschlossen sein. Will ich sie lieber geöffnet lassen, um nicht ins Träumen zu geraten, sollte der Blick auf einem Punkt am Boden vor mir ruhen, ohne jedoch etwas zu fixieren. So vermeide ich Ablenkungen.

Den Körper entspannen

Jetzt löse ich alle Spannungen in meinem Körper: Arme und Hände (ggf. rechts und links nacheinander) ... Beine und Füße, vom Gesäß ausgehend (rechts ... links); ... dann der Rücken vom Kreuzbein ausgehend aufwärts, die Wirbelsäule entlang, bis zu den Schultern; dabei gelangt meine Sitzhaltung noch besser ins Gleichgewicht; die Schultern fallen locker zur Seite herab; ... schließlich Hals und Nacken ...
Besonders aufmerksam entspanne ich mein Gesicht: Mundpartie, Wangen, Bereich um die Ohren und Augen, die Stirn. ... Ich spüre, wie das Gesicht frei und heiter wird. ...
Die Entspannung kann sich von der Stirn ausbreiten über die gesamte Kopfhaut hinweg. Das wirkt auch in die Tiefe: Vielleicht spüre ich, wie ein Druck vom Gehirn – und damit vom Denken – weggenommen wird.
Schließlich entspanne ich die Muskeln von Brust und Bauchdecke und spüre, wie der Atem freieren Raum bekommt.

Mit dem Atem mitschwingen

Nun nehme ich meinen Atem wahr, lasse ihn frei gehen, wie er will, und atme alles Belastende aus. Ich schwinge mit der Bewegung des Ein- und Ausatmens mit. Fördernd für Entspannung und Sammlung wirkt die „Tiefen-Atmung“ mit Hilfe des Zwerchfells in den Bauchraum hinein: Hierbei wölbt sich die Bauchdecke vor und zurück, die Bewegung des Atmens wird bis in die Tiefe des Bauchraumes spürbar. (Damit ist *nicht* ein angestrengt „tiefes“ Atmen gemeint!)

Den Geist zur Ruhe kommen lassen

Alle Anspannung lasse ich gleichsam abfließen. Auch Druck und geistige Anstrengung lasse ich los. Jetzt brauche ich nichts darzustellen, nichts zu erreichen, nichts zu leisten. Es genügt, einfach da zu sein.
Was vorher war, lasse ich los. Es ist vergangen. ... Was kommen wird, ist noch nicht da. ... Alles darf jetzt sein, wie es ist: meine Verfassung, meine Gedanken und Gefühle, Menschen, Geräusche...
Meine Gedanken kommen zur Ruhe. Ich lasse sie vorbeiziehen, wie sie in mir aufsteigen, ohne ihnen nachzugehen. Eine innere Stille tritt ein. Ich bin ganz gegenwärtig, und frei von allen Ablenkungen.

Die innere Mitte erspüren

Der Atem hat mich nach innen und in die Tiefe geführt. Ich erspüre meine innere Mitte, die noch einmal hinter der Welt der Gedanken, Bilder und Empfindungen liegt – jenen geheimnisvollen Punkt, von dem aus ich *„ich“* sagen kann. So komme ich mir selbst nahe, werde ganz eins mit mir. Ich bin ganz bei mir, und ruhe in mir selbst.
So bin ich wach und gegenwärtig. Ich öffne mich für das Geheimnis des Lebens, das in meiner Tiefe anwesend ist – und zugleich dafür, dass *Gott* mich in dieser Tiefe berühren und ansprechen kann.

Anregungen für einen Tagesrückblick

Auch unabhängig von der Arbeit mit diesem Begleiter durch die Fastenzeit ist es sinnvoll, täglich einen „geistlichen Tagesabschluss“ mit einem Tagesrückblick zu gestalten: Alles was mir heute begegnet ist, schaue ich noch einmal an. Vielleicht notiere ich mir auch, was mir wichtig geworden ist.
Danach übergebe ich alles an Gott. Er schaut auf mich mit dem Blick der Liebe, nicht fordernd oder gar als Richter. So kann ich frei von Sorge, Angst und Schuldgefühlen einschlafen – und den nächsten Tag als sein Geschenk erwarten.

Ich mache mir bewusst, dass Gott da ist

- Ich lasse mir Zeit anzukommen: bei mir... bei Gott...
- Ich bitte ihn, in seinem Geist den Tag anschauen zu können: vorurteilsfrei, gelassen, liebend.

Ich schaue mir den Tag an

- Stunde um Stunde lasse ich vor meinem inneren Auge vorüberziehen.
- Dabei dürfen Gedanken, Empfindungen, Widerstände, Gefühle usw. (wieder) aufsteigen. All dies nehme ich einfach wahr, ohne es zu werten.

Ich gebe den Tag an Gott zurück

- *Wofür will ich danken?*
  Ich rufe mir alles in Erinnerung, womit ich mich heute beschenkt fühle.
  Ich lasse Dankbarkeit in mir aufsteigen, verweile darin, und preise Gott für seine Gaben.

- *Worum will ich bitten?*
  Mit manchen Problemen war ich heute konfrontiert – eigenen und denen anderer. Vielleicht habe ich mich zu einem neuen Schritt entschlossen.
  Dies alles lege ich in Gottes Hand. Ich bitte um Hilfe und Kraft – und auch darum, das annehmen zu können, was sich nicht verändern lässt.

- *Was muss ich loslassen?*
  Manches lässt mich nicht los: Sorgen und Ängste, ungelöste Probleme und Konflikte, verpasste Gelegenheiten, seelische Verwundungen, eigenes Versagen und Schuld, Gefühle der Unfreiheit...
  All dies nenne ich beim Namen. Dann forme ich gleichsam ein „Päckchen“ daraus und schicke es an Gott. (Diese bildhafte Vorstellung hilft, es loszulassen und wegzugeben.) Unbelastet gehe ich nun in die Ruhe der Nacht.

1. WOCHE:

FREIHEIT? FREIHEIT!

Einstimmendes Schriftwort

Dann sprach Gott: Lasst uns Menschen machen als unser Abbild, uns ähnlich. Sie sollen herrschen über die Fische des Meere, über die Vögel des Himmels, über das Vieh, über die ganze Erde und über alle Kriechtiere auf dem Land.
Gott schuf also den Menschen als sein Abbild; als Abbild Gottes schuf er ihn. Als Mann und Frau schuf er sie.
Gott segnete sie, und Gott sprach zu ihnen: Seid fruchtbar, und vermehrt euch, bevölkert die Erde, unterwerft sie euch, und herrscht über die Fische des Meere, über die Vögel des Himmels und über alle Tiere, die sich auf dem Land regen.
...
Gott sah alles an, was er gemacht hatte: Es war sehr gut.

Genesis 1,26-28.31a

1. Woche – 1. Tag
Freiheit, die ich meine...

Einstimmende Übung zur Sammlung: siehe S. 11-13

Zur Besinnung

Freiheit!

„Freiheit" – Zauberwort unserer Zeit! Im Namen der Freiheit wurden Kriege geführt, Revolutionen entfesselt, Diktatoren gestürzt, neue Regierungsformen eingeführt. Das große Ereignis der Einigung Deutschlands 1990 war vor allem ein Geschehen der Befreiung. Nichts ist den Menschen von heute so heilig wie ihre Freiheit: Wer daran rührt, provoziert den Aufstand.
Die moderne Idee der Freiheit ist eine Erfolgsgeschichte geworden. Die meisten Länder der Erde haben sich der Demokratie als Regierungsform zugewandt, und wir halten sie für die beste und freiheitlichste Form, die wir kennen. Freiheit gibt Raum für Kreativität. Das wirkt sich auch auf die Wirtschaft aus: Je kreativer und innovationsfreundlicher eine Volkswirtschaft ist, desto erfolgreicher wird sie. Auf diese Weise haben die demokratischen und marktwirtschaftlich orientierten Länder des Westens die kommunistischen Planwirtschaften überrundet. Die starben – am Mangel an Freiheit...
In der Freiheit dürfen wir schließlich einen Aspekt jener Gottebenbildlichkeit des Menschen sehen, von der in der biblischen Schöpfungsgeschichte die Rede ist:

> *Gott schuf also den Menschen als sein Abbild; als Abbild Gottes schuf er ihn. Als Mann und Frau schuf er sie.*
>
> Genesis 1,27

Was meint „Freiheit"?

Doch: was bedeutet „Freiheit"? Jeder meint zu wissen, was Freiheit ist. Doch wenn man es erklären will, sagt jeder etwas anderes.
Wer in Ketten liegt oder im Gefängnis sitzt, weiß genau, was für ihn „Freiheit" bedeutet: die Ketten abwerfen, den Kerker verlassen, wieder sein eigenes Leben führen können. Ebenso, wenn jemand in Sklaverei oder Unterdrückung lebt: endlich sein eigener Herr sein; nicht mehr immer nur tun müssen, was andere befehlen.

Doch hat man erst einmal solche äußeren Beschränkungen der Freiheit abgeworfen, stellen sich neue Fragen: „Jetzt haben wir endlich unsere Freiheit – aber was fangen wir bloß damit an?" Freiheit will *gestaltet* und mit Inhalt gefüllt werden. Einfach tun und lassen, was man will? Aber *weiß* ich denn, was ich will (was *ich* will!) – oder lasse ich mich nur treiben? Dann verfalle ich neuen Abhängigkeiten, verführt etwa von der Werbung, von den Erwartungen anderer, vom Druck zur Anpassung an das, was „man" tut oder nicht tut... Vor allem: weiß ich, was ich *wirklich* will – was ich *im Tiefsten* will, was mir *entspricht?* Offenbar ist das gar keine so leichte Aufgabe, und sie steckt voller Fallen.

Zwei Richtungen der Freiheit

Freiheit hat jedenfalls stets diese beiden Richtungen:

- Zum einen frei werden von allem, was mich einschränkt und daran hindert, selbstbestimmt zu leben. Da gibt es nicht nur die äußeren, sondern (gerade heute) noch viel mehr innere „Fesseln" und „Gefängnisse".
- Zum andern der Freiheit einen Inhalt geben, ja sie mit Sinn erfüllen. Das bleibt eine lebenslange Aufgabe. Sie muss immer neu angegangen werden.

Was verbinde ich mit Freiheit?

Was verbinde *ich* mit „Freiheit"? Wodurch fühle ich mich eingeschränkt – und worin fühle ich mich frei? Wonach sehne ich mich?
Die Besinnung darüber lässt mich nicht nur tiefer begreifen, was „Freiheit" meint. Sie lässt mich auch mein eigenes Leben, meine aktuelle Lebenssituation, ja mich selbst und mein tiefstes Wesen besser verstehen.

Zeit zum Verweilen und Nachdenken

➢ *Was war mir besonders wichtig – was will ich mir bewahren?*

Anregungen für das Gebet

Ich danke für die Freiheit, die wir in unserem Land genießen dürfen.

Impuls für den Tag

- Ich achte darauf, wo ich Beschränkungen meiner Freiheit wahrnehme.
- Wo und wie kann ich mehr die Chancen nutzen, die meine Freiheit mir bietet?

➢ *Habe ich eine eigene Idee für diesen Tag?*

1. Woche – 2. Tag
Der Mensch: gut oder böse?

Einstimmende Übung zur Sammlung: ***siehe S. 11-13***

Zur Besinnung

„Raubtier" oder „Kuscheltier"?

Fragt man Biologen, ob der Mensch von seiner natürlichen Veranlagung her eher gut oder eher böse, friedfertig oder gewalttätig sei, bekommt man widersprüchliche Antworten:
Die einen „beweisen" aus der Evolution, dass der Mensch zum Kampf geschaffen ist. Er will und muss sich durchsetzen – wenn es sein muss, mit allen Mitteln. Leben sei eben „Kampf ums Dasein", und nur der Starke und Tüchtige überlebt. Darum seien Krieg und Gewalt, der menschliche Egoismus samt den alltäglichen Bosheiten, niemals auszurotten.
Die anderen „beweisen" ebenfalls aus der Evolution, dass der Mensch ein Gemeinschaftswesen ist. Über Millionen Jahre lebten unsere Vorfahren in kleinen Sippen- und Stammesverbänden. Das funktioniert nur, wenn alle zusammenhalten und füreinander da sind. „Nächstenliebe" (hier ganz wörtlich als „Liebe zu den Nächststehenden") bringt also einen Überlebensvorteil, nämlich den Schutz der Gruppe, die besseren Erfolgschancen der gemeinsamen Jagd, usw. Dass wir nicht immer nur an uns selbst denken, sondern „altruistisch", das heißt selbstlos zu Gunsten anderer handeln, steckt also in unserem Erbgut.
Ja – was denn nun? Die widersprechen sich doch! Es kann wohl nur das eine *oder* das andere richtig sein. Offenbar hat aber beides seine Logik...
Es ist wohl einfach so: Beide Positionen haben irgendwie recht. Es steckt nämlich beides in uns: Egoismus und Altruismus, Liebe und Gewalt. Beide Kräfte scheinen auch etwa gleich stark zu sein.
Das heißt doch: Wir haben die Wahl! Ob wir dies oder jenes entfalten, so oder so handeln, müssen wir *entscheiden,* und zwar in jeder Situation wieder neu.
Und genau darin gründet die menschliche Freiheit! „Raubtier" und „Kuscheltier": wir können beides sein, samt allen Zwischentönen. Wir sind nicht festgelegt. *Wir haben die Wahl!*

Der Herr sprach zu Kain: Warum überläuft es dich heiß, und warum senkt sich dein Blick? Nicht wahr: wenn du recht tust, darfst du aufblicken; wenn du nicht recht tust, lauert an der Tür die Sünde als Dämon. Auf dich hat er es abgesehen, doch du werde Herr über ihn!

Genesis 4,6-7

Eine Indianer-Legende:

Ein Vater erklärt seinem Sohn:
„In jedem Menschen leben zwei Hunde – ein schwarzer und ein weißer. Der schwarze steht für alle negativen Kräfte, die zerstören, herunterziehen, dich böse machen wollen; der weiße für die positiven Kräfte, die Gutes tun wollen, aber auch dich selber aufbauen. Beide kämpfen dein ganzes Leben lang um die Herrschaft über dich."
Der Sohn fragt zurück: „Welcher von beiden gewinnt denn am Ende?"
Darauf der Vater: „Derjenige, den du besser fütterst!"

*Und welchen Hund füttere **ich** – jetzt gerade?*

Zeit zum Verweilen und Nachdenken

- *Was war mir besonders wichtig – was will ich mir bewahren?*

Anregungen für das Gebet

- Ich danke für die Gabe meiner Freiheit.
- Ich bitte Gott um das richtige Gespür, wie ich „den weißen Hund füttern" kann – und wann ich Gefahr laufe, „den schwarzen Hund zu füttern".

Impuls für den Tag

Aufmerksam sein für Situationen der Entscheidung zwischen Gut und Böse, Liebe oder Gewalt – auch in kleinen Dingen.

- *Habe ich eine eigene Idee für diesen Tag?*

1. Woche – 3. Tag
Wie frei sind wir?

Einstimmende Übung zur Sammlung: ***siehe S. 11-13***

Zur Besinnung

Zweifel an der Willensfreiheit

„So etwas wie ‚Willensfreiheit' gibt es nicht! Das ist eine Selbsttäuschung. In Wirklichkeit hat unser Gehirn längst alle Entscheidungen getroffen, bevor wir bewusst etwas denken oder tun." Das erklären manche Hirnforscher.

Tatsächlich hat man Versuche gemacht: Leute sollten zwischen Bällen verschiedener Farbe wählen. Dabei beobachtete man ihre Hirnströme. Erstaunlich: fast eine Sekunde, bevor die Leute ihre Entscheidung bewusst trafen und einen der Bälle in die Hand nahmen, intensivierte sich schlagartig die Aktivität ihres Gehirns. Führten sie am Ende nur aus, was das Gehirn längst entschieden hatte, und *meinten* nur, frei zu wählen?

Nun weiß natürlich niemand, ob mit dieser vorauslaufenden Aktivität das Gehirn überhaupt schon etwas entscheidet – oder nicht vielmehr die bewusste Entscheidung *vorbereitet* wird. Außerdem stellt die beschriebene Aufgabe eine ziemlich simple und willkürliche Entscheidungssituation dar: Es geht ja um nichts. Ob ich einen grünen oder einen roten Ball nehme, ist bedeutungslos und hat keinerlei Folgen. Man hält sich eben an sein „Bauchgefühl". Ob das schon „Freiheit" ist?

Tiefer gehende Entscheidungen, vor allem moralische Entscheidungen, erfolgen nicht in einem Willkürakt „aus dem Bauch heraus". Man überlegt sie reiflich. Man wägt Gründe und Gegengründe ab. Man bedenkt die Auswirkungen... Am Ende dürften die meisten ihren bereits bewährten moralischen Grundsätzen oder ihren Lebenserfahrungen folgen. Diese aber speisen sich aus vielen vorausgehenden Entscheidungen. Wir Menschen formen uns selbst, in vielen kleinen Schritten, und können auch einmal die Richtung ändern. Ausschlaggebend für Freiheit ist, dass wir an jedem dieser Schritte selbst beteiligt sind und Einfluss darauf ausüben.

Mache Gebrauch von deiner Freiheit!

Ein Vergleich: Der Mensch gleicht einem Computer, der sich ständig neu programmiert. Das gibt es eigentlich nicht. Hochentwickelte Computer können lernen und sich anpassen, nicht aber ihr Grundprogramm ändern. Vermutlich würden sie bei einem solchen Versuch hoffnungslos abstürzen... Immer noch braucht es einen Menschen als Programmierer. Wir Menschen jedoch können über uns selbst nachdenken. Wir können alles hinterfragen, auch die grundlegendsten Beweggründe unseres Denkens und Handelns. Und *wir* stürzen dabei keineswegs ab – im Gegenteil: Erst dadurch werden wir zu richtigen Menschen, erst dadurch werden wir frei. „Freiheit" entpuppt sich so als ein fortlaufender Prozess der „Selbstbefreiung"!
Wahrscheinlich sind die meisten Menschen tatsächlich nicht besonders frei. Warum? Weil sie keinen *Gebrauch* von ihrer Freiheit machen! Sie leben dahin, ohne viel nachzudenken, oder halten ihre „Programmierung" durch Erziehung, Gesellschaft und Lebensgeschichte für unveränderlich. Da können Selbsterfahrungs-Kurse faszinierend sein: Plötzlich verstehe ich, warum ich so „ticke", wie ich mich ständig erlebe – und merke zugleich, dass ich auch anders kann. Ich entdecke meine Freiheit, und mache von ihr Gebrauch!

Zur Freiheit hat uns Christus befreit. Bleibt daher fest und lasst euch nicht von neuem das Joch der Knechtschaft auflegen!
Galaterbrief 5,1

Zeit zum Verweilen und Nachdenken

- *Was war mir besonders wichtig – was will ich mir bewahren?*

Anregungen für das Gebet

Ich bete um mehr Selbsterkenntnis und um wachsende Fähigkeit zur Selbstverantwortung.

Impuls für den Tag

Muss ich heute Entscheidungen treffen?
Ich vollziehe sie bewusst und in eigener Verantwortung.

- *Habe ich eine eigene Idee für diesen Tag?*

1. Woche – 4. Tag
Was wäre, wenn...?

Einstimmende Übung zur Sammlung: siehe S. 11-13

Zur Besinnung

Tun wir nur, was wir tun müssen?

„Freiheit ist eine Illusion“, verkündet der Redner. „Wir meinen nur, dass wir freie Entscheidungen treffen. In Wirklichkeit folgen wir einer Programmierung, die aus Veranlagung, Erziehung und den Prägungen durch unsere Lebenserfahrung stammt. Wir tun nur, was wir tun müssen. Darum sind wir auch für unsere Handlungen nicht wirklich verantwortlich.“

Da steht ein Zuhörer auf und verabreicht dem Redner eine schallende Ohrfeige. Danach entschuldigt er sich: „Ich musste das einfach tun; ich konnte nicht anders. Haben Sie nicht eben selbst erklärt, dass wir nur tun, was wir tun müssen, und dafür nichts können?“

Ob der Redner das wohl so akzeptieren würde? Ganz zu schweigen, wenn die Sache vor Gericht käme: Was der Richter wohl dazu sagen würde?

Das Böse: unentrinnbares Schicksal?

Selbst Menschen, die die Freiheit leugnen, verhalten sich im Alltag so, als ob es Freiheit gäbe – und beurteilen auch andere so, als ob sie frei und daher für ihre Taten verantwortlich wären. Offenbar kann man der Freiheit nicht entkommen...

Schließlich hätte es ja erschreckende Konsequenzen, wenn wir tatsächlich immer nur täten, was wir tun müssen! Es geschieht ja nicht nur Gutes in unserer Welt, sondern entsetzlich viel Schlimmes. Das aber würde nun zu einem unentrinnbaren Schicksal: Niemand kann ja etwas dafür. Damit kann man sich zwar bequem entschuldigen. Doch es bedeutet auch: Niemand kann etwas *dagegen*. Weil wir tun, was wir tun müssen, wird das Böse immer neu geschehen. Niemand ist für irgendetwas verantwortlich...

Das wäre eine so ausweglose Perspektive, dass sie gar nicht wahr sein *darf!* Freiheit ist eine große Herausforderung, und die Verantwortung für das eigene Verhalten kann eine schwere Last bedeuten. Doch eine gute Nachricht steckt darin: Wir *können* auch anders; wir können das Böse wenden. Es bleibt kein unentrinnbares Schicksal – *weil wir frei sind!*

Schuld: Kehrseite der Freiheit

Stellen müssen wir uns allerdings der dunklen Kehrseite der Freiheit: unserer Fähigkeit zur *Schuld.* Weil wir frei sind, können wir das Böse statt des Guten tun, zerstören statt aufbauen, verletzen statt heilen, Leben verneinen, statt es zu bejahen, schützen, fördern... Dann werden wir *schuldig.* Viele verleugnen oder verdrängen ihre Schuld dann, und finden viele Gründe, warum sie „nicht anders konnten“ und daher nicht verantwortlich seien. Doch nur, wenn wir auch zu unserer Schuld stehen und Verantwortung für unser Handeln und dessen Folgen übernehmen, gebrauchen wir unsere Freiheit. Freiheit/Verantwortung/Schuld – das gibt es nur „im Paket“. Und nur so kann das Unheil in der Welt, wenigstens hier und dort, gewendet werden.

> *Wenn wir sagen, dass wir keine Sünde haben, führen wir uns selbst in die Irre, und die Wahrheit ist nicht in uns. Wenn wir unsere Sünden bekennen, ist er treu und gerecht; er vergibt uns die Sünden und reinigt uns von allem Unrecht.*
>
> 1. Johannesbrief 1,8-9

Zeit zum Verweilen und Nachdenken

- *Was war mir besonders wichtig – was will ich mir bewahren?*

Anregungen für das Gebet

Bin ich bereit, Verantwortung für mein Handeln zu übernehmen – im Guten wie im Bösen? Ich bete um Ehrlichkeit mir selbst gegenüber.
Wo ich mich schuldig fühle, bitte ich um Vergebung, und suche Schaden wieder gut zu machen.

Impuls für den Tag

Wo begegne ich dem Bösen? Regt es sich auch in mir selbst?
Ich will ihm keine Macht über mich geben!

- *Habe ich eine eigene Idee für diesen Tag?*

1. WOCHE – 5. TAG
DER PREIS DER FREIHEIT

Einstimmende Übung zur Sammlung: siehe S. 11-13

Zur Besinnung

Erkämpfte Freiheit – gefährdete Freiheit

(Die Israeliten sagten zu Mose:) Haben wir dir in Ägypten nicht gleich gesagt: Lass uns in Ruhe! Wir wollen Sklaven der Ägypter bleiben; denn es ist für uns immer noch besser, Sklaven der Ägypter zu sein, als in der Wüste zu sterben.

Exodus 14,12

Alle wünschen sich Freiheit – doch sind sie auch bereit, den *Preis* dafür zu bezahlen?
Freiheit gibt es nie billig. Schon die äußere, politische und gesellschaftliche Freiheit muss erkämpft werden. Das kostet manche Opfer. Oft erscheinen Sicherheit und Wohlstand bequemer als das Wagnis der Freiheit. Satte Völker rebellieren nicht, auch wenn sie geknechtet werden (derzeit ist dies das Erfolgskonzept des chinesischen Kommunismus). Schon die Israeliten auf ihrem Weg durch die Wüste sehnten sich zurück nach den „Fleischtöpfen Ägyptens": Lieber unfrei, aber sicher und gut versorgt sein, als den mühsamen und gefährlichen Weg ins verheißene Land gehen. Und ist die Freiheit gewonnen, muss sie bewahrt und notfalls verteidigt werden. Wehe dem Volk, das seine Freiheit nicht mehr zu schätzen weiß, weil sie ihm allzu selbstverständlich geworden ist! Es kann sie schnell wieder verlieren.
Ebenso kostet das Ringen um die innere Freiheit ein lebenslanges Bemühen. Ständig entdeckt man neue „innere Gefängnisse", aus denen es sich zu befreien gilt.

Verantwortung für mich selbst

„Es ist so bequem, unmündig zu sein. Habe ich ein Buch, das für mich Verstand hat, einen Seelsorger, der für mich Gewissen hat, einen Arzt, der für mich die Diät beurteilt, usw., so brauche ich mich ja nicht selbst zu bemühen" (*Immanuel Kant*). Der große Philosoph der Aufklärung setzte sich leidenschaftlich für die Freiheit ein, aber er wusste auch, wie anspruchsvoll sie ist.

Wenn niemand mir vorschreibt, was ich tun soll, muss ich selbst entscheiden. Ich muss mich kundig machen, um sachgerecht entscheiden zu können. Und ich muss selbst die Verantwortung übernehmen – Verantwortung erst einmal für mich selbst, denn die Folgen meiner Entscheidungen fallen auf mich zurück, im Guten wie im Bösen. Entscheide ich falsch, kann ich die Verantwortung auf niemanden abwälzen.
Darum schafft Freiheit stets *Unsicherheit.* Bei vielen Entscheidungen (das gilt gerade auch für die Politik) gibt es keine letzte Gewissheit. Und doch muss man entscheiden, mit dem Risiko, Fehler zu machen. Nur wer nichts tut, macht keine Fehler – doch nichts zu tun wäre der größte aller Fehler. Freiheit will *gewagt* werden. Sie ist riskant. Darum gibt es eine „Furcht vor der Freiheit" (*Erich Fromm*). Die „Ur-Sünde" gegen die Freiheit besteht darin, die Chance zur Freiheit zu haben, sie aber aus Angst nicht zu ergreifen!

Entscheidung und Verzicht

Jede freie Entscheidung bedeutet auch *Verzicht:* Verzicht auf viele andere Möglichkeiten, die ich sonst noch gehabt hätte. Gerade heute haben wir weit mehr Möglichkeiten, als wir jemals nutzen können. Ob Partnerwahl, Berufswahl, Entscheidung für ein Projekt oder Engagement, selbst alltägliche Entscheidungen für eine bestimmte Urlaubsreise oder ein Hobby: Immer verzichte ich auf etwas anderes. Habe ich mich richtig entschieden? Vielleicht gibt es hier gar kein klares „richtig" oder „falsch"? Ich muss die Unsicherheit auf mich nehmen, muss mich entschlossen von anderen Wegen verabschieden, ohne ihnen nachzutrauern, und *meinen* Weg wählen. Nur so kann ich Gebrauch von meiner Freiheit machen.

Zeit zum Verweilen und Nachdenken

➢ *Was war mir besonders wichtig – was will ich mir bewahren?*

Anregungen für das Gebet

- Ich danke Gott für die vielen Möglichkeiten, die er mir geschenkt hat. Ich bejahe meine Entscheidungen, und nehme Abschied von Alternativen.
- Ich bete darum, meine eigene Trägheit und Entscheidungsscheu überwinden und Freiheit wagen zu können.

Impuls für den Tag

Mutig will ich heute mein Leben in die Hand nehmen, trotz aller Unsicherheit.

➢ *Habe ich eine eigene Idee für diesen Tag?*

1. WOCHE – 6. TAG
MIT SICH IN EINKLANG KOMMEN

Einstimmende Übung zur Sammlung: siehe S. 11-13

Zur Besinnung

Der Freiheit Inhalt geben

Nie zuvor hatten wir so wenige äußere Beschränkungen wie heute. Vor allem im privaten Bereich kann man weitgehend „tun und lassen, was man will". Sind wir also frei? Leider muss man beobachten, dass viele gleich wieder neuen „Verführern" verfallen, wie etwa der Konsumwerbung, oder sich dem anpassen, was andere tun. Manche lassen sich einfach treiben. Ob das schon die wahre Freiheit ist? Dagegen spricht eine verbreitete Unzufriedenheit. Sie lässt sich zudecken durch oberflächliche Zerstreuungen und Konsum, aber nicht ausfüllen. Im schlimmsten Fall geraten Menschen an Ideologien, die ihnen wieder ganz genau sagen, was sie zu denken, fühlen und tun haben. Aus ist es mit der Freiheit...
„Freiheit zu gewinnen" ist offensichtlich erst die eine Hälfte der Aufgabe. Die andere, weitaus anspruchsvollere, besteht darin, der Freiheit einen Inhalt und damit Sinn zu geben, „Freiheit zu gestalten". „Unabhängigkeit" ist eben nur ein Teil der Freiheit.

Sich selbst finden

Die Freiheit gleicht einer weiten, offenen Landschaft. Ich stehe an ihrer Schwelle und habe alle Möglichkeiten. Wohin soll ich nun gehen, woran mich orientieren? Im Letzten gibt es da nur einen Maßstab: Ich strebe danach, in Einklang mit mir selbst zu gelangen; das zu tun und zu entfalten, was meinem innersten Wesen entspricht. Frei ist, wer mit sich selbst in Einklang steht – alles andere wäre Fremdbestimmung! „Freiheit gestalten" rückt also in die Nähe dessen, was man, im besten Sinne dieses Wortes, „Selbstfindung" oder „Selbstverwirklichung" nennt. „Erkenne dich selbst!" und „werde, der du bist!", dazu riefen schon die Philosophen des antiken Griechenland auf.
Dies ist eine anspruchsvolle und lebenslange Aufgabe. Ich darf gerade nicht mich von „Lust und Laune" treiben lassen. Es gilt, mein Leben in die Hand zu nehmen, *bewusst* zu leben. Ich muss herausfinden, wer ich bin, was ich wirklich will, was mir wichtig ist, was mir zutiefst entspricht. Das will immer neu

entdeckt werden. Ich muss mich dafür auch Herausforderungen stellen. Nur durch sie finde ich heraus, was wirklich in mir steckt. Meine Fähigkeiten und Möglichkeiten entfalten, darin besteht die „Verwirklichung des Selbst".

Sich selbst überschreiten

> *Wer sein Leben zu bewahren sucht, wird es verlieren; wer es dagegen verliert, wird es gewinnen.*
>
> Lukas-Evangelium 17,33

„Selbstverwirklichung" meint keineswegs Selbstbezogenheit – im Gegenteil: Wirklich erfüllt ist mein Leben erst, wenn ich mich selbst „überschreite", indem ich mich öffne für das, was größer ist als ich: Werte, Ideale, größere Ziele, vor allem aber andere Menschen. So paradox es klingt: Nur wer sich selbst überschreitet, um für Größeres zu leben, erfährt Sinnerfüllung. Wer sich selbst vergisst, um *für* etwas oder jemanden zu leben, erfährt sich als frei!

Insbesondere tiefe menschliche *Beziehungen* erfüllen unser Herz. Da *binden* wir uns an andere – und sind doch am meisten frei! Niemand erlebt sich als so frei und mit sich in Einklang wie jemand, der *liebt* – obwohl (oder weil) er sich damit bindet.

Was also fasziniert mich? *Wer* fasziniert mich? Genau an dieser Faszination erkenne ich, was mir zutiefst entspricht: Es rührt die tiefsten Schichten in mir an, begeistert mich, führt mich über mich hinaus, lässt mich alle ängstliche Sorge um mich selbst vergessen. In der *Hingabe* erfüllt sich der Sinn meiner Freiheit!

Zeit zum Verweilen und Nachdenken

➢ *Was war mir besonders wichtig – was will ich mir bewahren?*

Anregungen für das Gebet

- Ich danke Gott für alles, was er in mich hineingelegt hat.
- Ich bitte um den Mut, zu mir selbst zu stehen, und mein eigenes Wesen zu verwirklichen.

Impuls für den Tag

Verstehe ich wahrzunehmen, was mir zutiefst entspricht?

➢ *Habe ich eine eigene Idee für diesen Tag?*

1. Woche – 7. Tag
Rückblick auf die Woche

Einstimmende Übung zur Sammlung: siehe S. 11-13

Ich rufe mir die Leitgedanken der Besinnungen in Erinnerung:

1. Tag: Freiheit, die ich meine... *Was verstehe ich unter „Freiheit"?*
2. Tag: Der Mensch: gut oder böse? *Wir haben die Wahl!*
3. Tag: Wie frei sind wir? *Von der eigenen Freiheit Gebrauch machen.*
4. Tag: Was wäre, wenn...? *Wenn die Freiheit geleugnet wird.*
5. Tag: Der Preis der Freiheit.
6. Tag: Mit sich in Einklang kommen.

Ich denke nach:

- Was hat mich besonders angesprochen oder berührt?
- Ist mir eine besondere Erfahrung zuteil geworden?
- Hat sich etwas in meinem Leben verändert?
- Habe ich gelernt, mehr Gebrauch von meiner Freiheit zu machen?
- Was möchte ich mir bewahren?

Zeit zum Verweilen und Nachdenken

Anregungen für das Gebet

- Ich *danke* Gott für gute Erfahrungen, neue Einsichten, inneres Wachstum, positive Veränderungen in meinem Verhalten, mehr Freiheit...
- Ich *übergebe* Gott alles, was unbefriedigend verlaufen ist. Im Vertrauen auf seine Vergebung darf ich es loslassen.
- Wo fühle ich mich unfrei? Ich bete um mehr Mut und Kraft zur Freiheit.
- Ich *bitte* Gott um Segen für alles, was ich mir vorgenommen habe.
- Vielleicht will ich noch in weiteren persönlichen Anliegen beten.

Impuls für den Tag

Was war das Wichtigste, das ich in dieser Woche für meine praktische Lebensgestaltung entdeckt habe? Das vertiefe ich heute noch einmal.

2. WOCHE:

SICH SELBER FINDEN

Einstimmendes Schriftwort

Wir sollen nicht mehr unmündige Kinder sein, ein Spiel der Wellen, hin und her getrieben von jedem Widerstreit der Meinungen, dem Betrug der Menschen ausgeliefert, der Verschlagenheit, die in die Irre führt. Wir wollen uns, von der Liebe geleitet, an die Wahrheit halten und in allem wachsen, bis wir ihn erreicht haben. Er, Christus, ist das Haupt.

...

Ich sage es euch und beschwöre euch: Lebt nicht mehr wie die Heiden in ihrem nichtigen Denken! Ihr Sinn ist verfinstert. Sie sind dem Leben, das Gott schenkt, entfremdet durch die Unwissenheit, in der sie befangen sind, und durch die Verhärtung ihres Herzens.

...

Legt den alten Menschen ab, der in Verblendung und Begierde zugrunde geht, ändert euer früheres Leben, und erneuert euren Geist und Sinn! Zieht den neuen Menschen an, der nach dem Bild Gottes geschaffen ist in wahrer Gerechtigkeit und Heiligkeit.

Epheserbrief 4,14-15.17-18.22-24

2. Woche – 1. Tag
Wer bin ich selbst?

Einstimmende Übung zur Sammlung: ***siehe S. 11-13***

Zur Besinnung

Wer bin ich?

„Wer bin ich und wenn ja, wie viele?“, lautet der (offenbar bewusst verwirrend formulierte) Titel eines philosophischen Buches.[2)] Er weist darauf hin: Wer ich selbst bin, ist kaum zu fassen!

Wer bin ich? Ich kann mich selbst beschreiben: meine Gestalt, mein Aussehen, meine Gewohnheiten, meine Eigenschaften, meine Lebensumstände, meine Beziehungen, meine Werte und Ideale, meinen Glauben... Das alles sagt viel über mich – doch: bin das schon „ich selbst“? Ich kann meine Lebensgeschichte erzählen und komme dabei vielem auf die Spur, was mich zu dem geformt hat, der ich heute bin. Ich entdecke die prägenden Erfahrungen, den Einfluss von Erziehung und Schicksal; ich verstehe besser meinen Charakter, meine Neigungen, meine typischen Reaktions- und Verhaltensmuster. Das lohnt sich, denn so erkenne ich mich selbst besser. Und doch: bin das schon „ich selbst“? Vieles davon hat sich ja im Laufe meines Lebens verändert, oder ich will es noch verändern. Macht es meine „Identität“, mein „Selbstsein“ aus?

Was in mir lebt

Vielleicht hilft der Blick nach *innen* weiter? In mir, in meinem Geist, entdecke ich eine ganze Welt – innen scheint ebenso viel Raum zu sein wie draußen! Da sind meine Gedanken und Gefühle, meine Pläne und Absichten, meine Erinnerungen und inneren Bilder, meine Phantasien... Es lohnt sich, den eigenen inneren Reichtum zu erkunden. Doch wieder: bin das schon „ich selbst“? Ist das „mein Geist“ – oder nicht doch eher ein *Produkt* meines Geistes? Der ist rastlos tätig und bringt diese ganze bunte Vielfalt immer neu hervor. Was aber ist mein Geist selbst?

Dazu muss ich noch tiefer in mich hineinschauen. Hinter der bunten Welt meiner Gedanken, Gefühle, Erinnerungen... ist noch etwas: eine geheimnisvolle Mitte. Es ist jener innere Bezugspunkt, von dem aus ich *„ich“* sage. „Ich bin ich!“ Das lässt sich nicht weiter beschreiben. Man kann auch nur schwer darüber reden. Die Mitte erschließt sich nur dem Blick ins eigene Innere –

und dort kann sonst niemand hineinschauen. Es ist mein ureigenes Geheimnis, das was mich zu einer individuellen, absolut einzigartigen Person macht.

Aus der Mitte leben

Auf diese innere Mitte hin *erlebe* ich alles, was von außen auf mich zukommt, ebenso das, was (wie etwa meine Gefühle) in mir abläuft. Es ist gut, wenn ich alles in meine Mitte hineinhole, denn nur so verarbeite ich meine Erlebnisse: Sie werden zu „Erfahrungen", ich eigne sie mir an, künftig gehören sie zu mir. Von der Mitte aus beziehe ich Stellung zu allem, entscheide darüber, was ich an mich heranlasse, und wie weit ich mich davon beeinflussen lasse. So ist die innere Mitte zugleich Quelle meiner Freiheit.

Von der Mitte aus *handle* ich. Sie ist die Quelle meines Wirkens, meiner bewussten Absichten. Gut, wenn ich aus meiner Mitte heraus handle, denn dann lasse ich mich nicht treiben von vordergründigen Regungen oder äußeren Einflüssen. *Ich* lebe – ich werde nicht gelebt.

In dieser inneren Mitte kann ich immer wieder verweilen. Dass ich um sie weiß, lässt mich mehr „ich selbst" sein. Je mehr ich von ihr aus lebe, desto mehr komme ich in Einklang mit mir. Fassen kann ich sie nicht, nur im Innern erfahren. Hier ist ein Raum der Freiheit. Er entzieht sich jedem Zugriff, jeder Beobachtung, jeder Berechnung, jeder Manipulation. Freiheit, die man berechnen könnte, wäre ja keine Freiheit mehr. Wie gut, dass das „Selbst" ein Geheimnis bleibt – sogar für mich! Wie gut, dass man die Frage: „wer bin ich?" nicht restlos beantworten kann! Am Ende genügt es, wenn ich – jetzt sehr bewusst – sage: „Ich bin *ich!*"

Zeit zum Verweilen und Nachdenken

➢ *Was war mir besonders wichtig – was will ich mir bewahren?*

Anregungen für das Gebet

> *Herr, du hast mich erforscht, und du kennst mich. Ob ich sitze oder stehe, du weißt von mir. Von fern erkennst du meine Gedanken.* Psalm 139,1-2

„Wer ich auch bin, Du kennst mich, Dein bin ich, o Gott" (*Dietrich Bonhoeffer*)! Ich danke Gott, dass ich der bin, der ich bin. So wie ich bin, liebt er mich.

Impuls für den Tag

Bewusster aus der „inneren Mitte" leben.

➢ *Habe ich eine eigene Idee für diesen Tag?*

2. Woche – 2. Tag
Mein „wahrer Wille“

Einstimmende Übung zur Sammlung: siehe S. 11-13

Zur Besinnung

„Tu was du willst!“

So steht es auf dem Amulett, das der Held *Bastian* in *Michael Endes* Buch „Die unendliche Geschichte“ auf seine Reise durch die fremde Welt „Phantásien“ mitbekommt.[3)] Das kann zunächst bedeuten: „Tu, was *du* willst“ – nicht was die anderen wollen oder irgendjemand von dir erwartet. Geh deinen eigenen Weg. Folge deinen eigenen Entscheidungen und deinem eigenen Gewissen.

Doch es steckt mehr hinter diesem Spruch. Mit einem der magischen Wesen in „Phantásien“, dem Löwen *Graógramán*, kommt Bastian darüber ins Gespräch. „Das heißt doch, dass ich alles tun darf, wozu ich Lust habe“, meint er. Der Löwe widerspricht: „Nein! Es heißt, dass du deinen Wahren Willen tun sollst. Und nichts ist schwerer.“ Was das denn sei, fragt Bastian. Der Löwe: „Es ist dein eigenes tiefstes Geheimnis, das du nicht kennst.“ Und er erklärt ihm, dass er dem „Weg der Wünsche“ folgen müsse bis hin zu seinen tiefsten Sehnsüchten. „Das kommt mir eigentlich nicht so schwer vor“, meint Bastian. Doch der Löwe grollt: „Es ist von allen Wegen der gefährlichste. ... Er erfordert höchste Wahrhaftigkeit und Aufmerksamkeit, denn auf keinem anderen Weg ist es so leicht, sich endgültig zu verirren!“

„Alter“ und „neuer Mensch“

Erstaunlich viele Menschenkenner, Psychologen und Philosophen beobachten im Menschen einen Konflikt zwischen zwei Ebenen des Wollens: einer oberflächlichen – und einer tieferen, wesentlicheren. „Welt-Ich“ und „Wesens-Ich“ sagt dazu etwa der Meditationslehrer *Karlfried Graf Dürckheim*; „Ego“ und „wahres Selbst“ der Theologe *Richard Rohr*. Von einer „Haben-“ und einer „Seins-Mentalität“ spricht der Psychologe *Erich Fromm*, *Paulus* vom „alten“ und „neuen Menschen“. Manche sagen einfach: „Schein“ und „Sein“.

Wer nur „nach Lust und Laune“ lebt, folgt seinem „Oberflächen-Ich“. Das ist auf schnelle Befriedigung seiner Wünsche und ein bequemes Leben bedacht. Doch so hat noch niemand zu sich selbst gefunden, und schon gar nicht seine innere Freiheit erlangt. Die tut sich erst auf, wenn man nach tieferem Einklang mit sich selbst strebt und den wesentlicheren Regungen und Sehnsüchten des eigenen Inneren folgt. Sie stehen oft im Kontrast zu den Wünschen des Oberflächen-Ich. Sein wahres Wesen zu entfalten („seinen wahren Willen tun") stellt eine höchst anspruchsvolle Aufgabe dar. Eine lebenslange zudem, denn der „wahre Wille" muss immer neu erkundet, verstanden und in die Tat umgesetzt werden.

> *Legt den alten Menschen ab, der in Verblendung und Begierde zugrunde geht, ändert euer früheres Leben, und erneuert euren Geist und Sinn! Zieht den neuen Menschen an, der nach dem Bild Gottes geschaffen ist in wahrer Gerechtigkeit und Heiligkeit!*
>
> Epheserbrief 4,22-24

Wie lerne ich, mein „Wesens-Ich" zu verstehen?

Wer sich selbst und die eigenen Regungen gut wahrzunehmen versteht, spürt meist recht genau, was aus dem Oberflächen-Ich und was aus dem Wesens-Ich entspringt. Doch auch das muss man lernen. Es braucht viel Wahrhaftigkeit dafür.

Durch Selbstbeobachtung hat *Ignatius von Loyola* ein gutes Unterscheidungsmerkmal entdeckt: Solange ein Mensch seinen oberflächlichen Regungen folgt, fällt ihm das leicht, und er mag viel Vergnügen dabei empfinden. Doch irgendwann erschöpft sich das, und ein schaler Nachgeschmack bleibt. Folgt er hingegen den tieferen Regungen seines Herzens, bereitet ihm das zunächst Mühe. Doch bald spürt er: Genau so ist es gut und richtig; ich bin in Einklang mit mir selbst. Eine tiefere Freude erwacht, und sie bleibt beständig.

Zeit zum Verweilen und Nachdenken

- *Was war mir besonders wichtig – was will ich mir bewahren?*

Anregungen für das Gebet

Ich schaue in mich hinein und nehme meine inneren Regungen, Wünsche und Sehnsüchte wahr.

Dann bitte ich Gott um die Klarheit, mein „wahres Wesen" besser zu erkennen, und um die Kraft, daraus zu leben, statt mich von oberflächlichen Regungen steuern zu lassen.

Impuls für den Tag

Lernen, „Oberflächen-Ich" und „tieferes Wesen" besser zu unterscheiden.

- *Habe ich eine eigene Idee für diesen Tag?*

2. WOCHE – 3. TAG
VOM EGO ZUM SELBST

Einstimmende Übung zur Sammlung: siehe S. 11-13

Zur Besinnung

In den Klauen des „Ego"

Über eines sind sich geistliche Lehrer, gleich welcher Religion oder Weltanschauung, bemerkenswert einig: Die wichtigste Reifungsaufgabe für einen Menschen besteht darin, sich von seinem „Ego" zu lösen, um zu seinem „wahren Selbst" durchzudringen und daraus zu leben. Das Ego hält den Menschen gefangen. Erst wer aus seinem wahren Selbst lebt, wird frei.
Was aber ist dieses „Ego"? Es geht jedenfalls weit über das hinaus, was man gewöhnlich „Egoismus" nennt, nämlich selbstbezogenes Denken und Handeln ohne Rücksicht auf andere. Solcher Egoismus fällt sofort ins Auge, und wird meist auch schnell von anderen kritisiert.
Das „Ego" umfasst all jene Regungen und Strebungen, die den Menschen daran hindern, „er selbst" zu sein. Dabei erweckt es oft einen Anschein von Freiheit. Wer etwa nach Geld, Macht, Einfluss, Karriere, einer führenden Stellung, hohem Ansehen usw. strebt, glaubt in der Regel, dadurch freier und unabhängiger zu werden. Doch genau dieses Streben kann ihn versklaven: dann nämlich, wenn es zur *hauptsächlichen* Antriebskraft wird. Ein Mensch kreist dann nur noch darum. Er passt sich an und tut alles, nur um seine Ziele zu erreichen – egal, ob er dabei mit sich in Einklang steht oder nicht. Wie unfrei er dadurch wird, merkt er oft erst, wenn es ihn in eine Sinnkrise stürzt, oder in körperliche und seelische Erschöpfung.

Sklaverei der Anerkennung

Überhaupt ist das Ego mehr darauf bedacht, vor anderen gut dazustehen, als den eigenen inneren Maßstäben gerecht zu werden. Viele werden zu „Anerkennungs-Sklaven": Sie tun alles, um die Anerkennung und Zustimmung anderer zu gewinnen (und wenn es nur ein „Like" bei *Facebook*® ist). Darum ertragen sie keinen Widerspruch, keine Kritik. Sie können nicht allein stehen und eigene Überzeugungen vertreten, wenn sie bei anderen auf Ablehnung stoßen. So verlieren sie sich selbst.
Doch das Ego ist heimtückisch. Auch eingeschworene „Nonkonformisten", die sorgsam darauf bedacht sind, sich niemals anzupassen, können seine Beute

werden: dann nämlich, wenn ihre Unangepasstheit zur „Masche" wird, wenn sie allzu stolz darauf sind, stets „anders als die anderen" zu sein. Das kann zu einer Unfreiheit neuer Art führen.

Das Ego hat vor allem Angst um sich selbst, ja es wird geradezu von dieser Angst beherrscht. Es klammert sich an dem fest, was es hat und kennt. Gern spielt es seine Überlegenheit gegen Schwächere aus, ist jedoch sehr feige, wenn es riskiert, sich zu blamieren oder Widerstand zu wecken.

„Ich habe kein Ego, das man beleidigen könnte", reagiert gelassen der Vulkanier *Spock* aus der Serie *„Raumschiff Enterprise"*, als seine Kameraden ihn wieder einmal wegen seiner nichtmenschlichen Eigenheiten auf den Arm nehmen. Eben weil es an Anerkennung hängt, ist das Ego leicht zu kränken, sogar durch wohlwollende Mahnung und konstruktive Kritik. Es ist schnell enttäuscht, wenn andere nicht so wollen, wie es will, und neigt zu maßlosen Überreaktionen.

„Rein wie Engel und stolz wie Teufel" sagte man einst über eine besonders strenge Ordensgemeinschaft. Noch auf einem spirituellen Weg kann ein Mensch von seinem Ego wieder eingeholt werden: wenn er nämlich stolz wird auf seine Fortschritte, sich etwas darauf einbildet, und auf die „unspirituellen" Anderen herabsieht. Wahrer geistlicher Fortschritt geht mit wachsender Demut, Gelassenheit und Barmherzigkeit einher!

> *Der Pharisäer stellte sich hin und sprach leise dieses Gebet: Gott, ich danke dir, dass ich nicht wie die anderen Menschen bin, die Räuber, Betrüger, Ehebrecher oder auch wie dieser Zöllner dort. ... Dieser (der Zöllner) kehrte als Gerechter nach Hause zurück, der andere nicht.*
>
> Lukas-Evangelium 18,11.14a

Zeit zum Verweilen und Nachdenken

- *Was war mir besonders wichtig – was will ich mir bewahren?*

Anregungen für das Gebet

- Ich prüfe mein Herz: Wo bin ich selbst vom „Ego" besonders gefährdet?
- Ich bitte um innere Freiheit und um eine selbstkritische Einstellung.

Impuls für den Tag

Achtung, Falle! Wo fröne ich meinem „Ego"? Ich schärfe meine Wachsamkeit.

- *Habe ich eine eigene Idee für diesen Tag?*

2. Woche – 4. Tag
Frei vom „Ego“

Einstimmende Übung zur Sammlung: siehe S. 11-13

Zur Besinnung

„Ego-Menschen“

Sich vom eigenen Ego frei zu machen ist unglaublich schwierig. Das liegt nicht zuletzt daran, dass unsere heutige Gesellschaft „Ego-Menschen“ begünstigt, ja sie geradezu braucht. „Wer angibt, hat mehr vom Leben“, sagt man – und steckt damit voll im Ego, das sich gern selbst aufbläht. *Richard Fuld,* einst Chef der Bank „Lehman Brothers“, war ein klassischer Ego-Typ. Man nannte ihn „den Gorilla“, weil er stets hochmütig, herrisch und überlegen auftrat. Von seinen Mitarbeitern verlangte er ständig wachsende Profite für die Bank. So machten sie immer riskantere Geschäfte – bis die Blase platzte, die Bank Pleite ging und die ganze Welt in eine Finanzkrise stürzte. Das Ego kann tödlich sein. Doch wo wäre unsere Gesellschaft ohne all die Erfolgs-, Macht- und Karriere-Typen?
Wer sich vom Ego lösen will, muss gegen den Strom schwimmen. Er hört auf sein eigenes Herz statt auf die Urteile anderer. Er folgt seinen inneren (gerade auch den moralischen) Maßstäben noch dort, wo andere darüber lächeln, oder es ihm Nachteile einbringt. Er opfert seine Überzeugungen nicht irgendwelchen Vorteilen. Damit eckt er häufig an. Er ist unbequem, gerade auch für Vorgesetzte. Die üblichen „Spielchen“ und Intrigen macht er nicht mit; „Tratsch“ ist ihm zuwider. Er legt den Finger in Wunden, auch wenn er sich damit unbeliebt macht. Er bewahrt seine geistige Unabhängigkeit. Es kann sein, dass er sich gerade dadurch Respekt verschafft. Doch ein Erfolgskonzept ist das in der heutigen Gesellschaft nicht – nicht in der Wirtschaft, noch weniger in der Politik, leider oft auch in der Kirche nicht.

> *(Die Frevler sagen:) Der Gerechte ist unserer Gesinnung ein lebendiger Vorwurf, schon sein Anblick ist uns lästig; denn er führt ein Leben, das dem der andern nicht gleicht, und seine Wege sind grundverschieden. Als falsche Münze gelten wir ihm; von unseren Wegen hält er sich fern wie von Unrat.*
>
> Weisheit 2,14-16a

Wie komme ich meinem Ego auf die Schliche?

Dem eigenen Ego zu entrinnen gelingt allein durch sorgfältige und kritische Selbstbeobachtung! Die Beschreibungen in dieser und der voranstehenden Tagesbesinnung mögen helfen, sensibler zu werden: Ertappe ich mich bei diesem oder jenem „Ego-typischen“ Denken oder Verhalten? Dann suche ich davon frei zu kommen.

Gute Freunde mögen mir dabei durch einfühlsame und doch unbestechliche Rückmeldung helfen. Andere sehen oft klarer: meine Schwächen, doch ebenso meine Stärken und Fortschritte.

Immer wirkt es klärend, sich auf den *Geist der Liebe* zu besinnen: Was entspricht hier der Liebe? Diese Perspektive führt stets weg vom Ego, weg von aller Selbstbezogenheit und Selbstbefangenheit.

Insgesamt bleibt es eine lebenslange Aufgabe, das eigene Ego in die Schranken zu weisen. Doch die Mühe lohnt sich: Frei vom Ego kann ich aus meiner inneren Mitte leben. Ich bin meinem wahren Wesen nahe. Von ihm her spüre ich genau, was mir entspricht und was nicht. Jetzt „weiß ich, was ich will“: nicht nach Lust und Laune, sondern aus tiefem Einklang mit mir selbst. Darin besteht die eigentliche innere Freiheit!

Zeit zum Verweilen und Nachdenken

- *Was war mir besonders wichtig – was will ich mir bewahren?*

Anregungen für das Gebet

- Still horche ich in mich hinein, und bitte den Heiligen Geist um Erleuchtung. Vielleicht geht mir dabei manches darüber auf, wo ich meinem „Ego“ verhaftet bin, und nach mehr innerer Freiheit streben könnte.
- Ich bete um den Mut, stets zu mir selbst zu stehen – auch dort, wo es mir Widerspruch einbringt.

Impuls für den Tag

In allem, was ich sage und tue, suche ich mir selbst treu zu bleiben.

- *Habe ich eine eigene Idee für diesen Tag?*

2. WOCHE – 5. TAG
AUS INNERER FREIHEIT LEBEN

Einstimmende Übung zur Sammlung: siehe S. 11-13

Zur Besinnung

Was ist das „Selbst"?

Wer aus seinem „wahren Selbst" lebt, gewinnt innere Freiheit. Doch was ist dieses „wahre Selbst"? Es ist das innerste Geheimnis jedes Menschen, seine persönliche Identität, sein eigentliches Wesen, die Mitte seiner Person. Darum lässt es sich kaum greifen, nur unzureichend beschreiben, und schon gar nicht „definieren" – was ja wörtlich „eingrenzen" bedeutet. Es entzieht sich jedem Zugriff. Es erschließt sich nur, wenn wir in uns hineinblicken.
Leichter zu beschreiben sind einige *Merkmale* eines Lebens aus der inneren Mitte. Sie machen nicht das Selbst aus, sind aber Auswirkungen davon, dass ein Mensch zu sich selbst gefunden hat. Man kann sie einüben, und so der inneren Freiheit näher kommen.

> *Wer sich in das vollkommene Gesetz der Freiheit vertieft und an ihm festhält, wer es nicht nur hört, um es wieder zu vergessen, sondern danach handelt, der wird durch sein Tun selig sein.*
>
> Jakobusbrief 1,25

Die innere Stimme

Habe ich es schon erlebt? Da war mir in einer ansonsten verworrenen Situation völlig klar, was ich zu tun und zu sagen hatte, oder auch was ich jetzt keinesfalls tun oder sagen durfte. Einen Grund konnte ich nicht angeben. Etwas wie eine „innere Stimme" leitete mich.
Dies ist die Stimme des „wahren Selbst"! Natürlich hört man keine „Stimme" (wer „Stimmen hört", ist meistens psychisch krank), aber man spürt eben diese innere Gewissheit. Stets erweist es sich als gut, ihr zu folgen. Manchmal ist es einfach die Stimme der Vernunft oder des gesunden Menschenverstandes. Nicht selten aber findet man keine Vernunftgründe, nur diese innere Klarheit. Sie kann gegen alle Gewohnheiten und (scheinbar) vernünftigen Verhaltensregeln, auch gegen die eigenen Neigungen sprechen. Dadurch befreit sie uns aus eingefahrenen Gleisen. Nicht immer bringt sie äußere Vortei-

le. Aber sie erhält uns in der eigenen Identität: Ich bleibe „mir selbst treu“ – auch um den Preis des Widerspruchs oder äußerer Nachteile. Was ich gewinne? Einklang mit mir selbst, innere Freiheit, die Gewissheit, das Richtige zu tun.
Die innere Stimme kann auch die Stimme des Heiligen Geistes sein, die mir den Ruf Gottes vermittelt. Dann führt sie mich meist über meine Grenzen hinaus, ruft zu Aufbruch und Wagnis im Vertrauen auf Gottes Führung.

Loslassen können

„Lieber den Spatz in der Hand als die Taube auf dem Dach!“ Wir Menschen neigen dazu, an dem festzuhalten, was wir haben und kennen. Das gibt uns Sicherheit – auch wenn wir eigentlich nicht recht damit zufrieden sind.
Wer aus der inneren Mitte lebt, klammert sich an nichts fest. Er findet seine Sicherheit in sich selbst. Darum muss er nichts „unbedingt“ festhalten oder „unbedingt“ erreichen. „Unbedingt“ ist ein gefährliches Wort! Es zeigt an, dass ich an etwas gebunden bin, es daher um keinen Preis loslassen oder darauf verzichten will. Doch dies ist eine Form von Unfreiheit! Wer loslassen kann, ist frei. Er kann sich leichter einem neuen Ruf des Lebens öffnen und sich auf veränderte Umstände einstellen. Er wird auch andere Menschen frei lassen, weil er nicht „unbedingt“ darauf besteht, dass sie seine Erwartungen erfüllen oder so sind, wie er sie haben will.
Nicht einmal das Ego muss ich bekämpfen – ich brauche es nur *loszulassen!* Ohne „Kampf und Krampf“ verliert es seine Macht über mich.

Zeit zum Verweilen und Nachdenken

- ➢ *Was war mir besonders wichtig – was will ich mir bewahren?*

Anregungen für das Gebet

Ich bitte Gott, dass er mich durch seinen Geist leitet, und erkläre ihm meine Bereitschaft, auf ihn zu hören.

Impuls für den Tag

- Ich suche aufmerksamer zu werden für die leise „innere Stimme“.
- Wo zeigt sie mir, dass ich etwas loslassen sollte?

- ➢ *Habe ich eine eigene Idee für diesen Tag?*

2. Woche – 6. Tag
Ein Weg der Wandlung und des Wachstums

Einstimmende Übung zur Sammlung: siehe S. 11-13

Zur Besinnung

Veränderung fördert Wachstum

„...dass nichts bleibt, dass nichts bleibt, wie es war!“, wiederholt der Liedermacher *Hannes Wader* immer wieder in seinem Song „Heute hier, morgen da...“ Leben bedeutet stets Veränderung. Gerade heute erleben wir häufige und oft sehr rasche Wandlungen, in der Gesellschaft ebenso wie im persönlichen Bereich. Vielen macht dies Angst, denn es bedroht das Vertraute; sie bleiben lieber bei dem, was sie kennen. Doch Veränderungen bieten, wenn man sie annimmt, immer eine große Chance: zu wachsen und zu reifen! Wir Menschen wachsen am intensivsten durch neue Erfahrungen. Solange alles beim Alten bleibt, ändern auch wir selbst uns nicht.

Nur im Zuge von Veränderungen und Herausforderungen lerne ich mich selber wirklich kennen: Eine neue Aufgabe aktiviert Fähigkeiten in mir, die ich noch nicht kannte, mir vielleicht nie zugetraut hätte. In einer Entscheidungssituation lerne ich, nach meinen eigenen Maßstäben zu urteilen und zu handeln, auch gegen den Trend und gegen alle Erwartungen. Daran wächst mein Selbstbewusstsein. Eine Herausforderung lässt mich über mich hinauswachsen. Gerade widrige Umstände und große Belastungen können mein wahres, mir noch unbekanntes Selbst zum Vorschein bringen. Woher sonst weiß ich, was alles in mir steckt? „Helden“ werden schließlich nur in schwierigen Zeiten geboren; solange alles glatt läuft, besteht kein Bedarf an Heldentum...

Weg zu Selbstsein und Freiheit

Der Psychologe *Viktor Frankl* ruft dazu auf, sich nicht zum Opfer des eigenen Schicksals zu machen, sondern alles, was das Leben uns zumutet, aktiv zu beantworten und zu bewältigen. Trotz äußerer Zwänge und Belastungen gilt: „Die Antwort ist unser – die Antwort ist frei!“

Wer also zu sich selbst finden will, muss seine „Komfortzone“ verlassen und sich den Herausforderungen des Lebens aussetzen. Nur so lerne ich mich kennen; nur so entfalte ich mein Potenzial. Daraus erwächst menschliche Reife. Sie besteht vor allem darin, dass ich mehr und mehr aus der Verhaftung ans eigene „Ego“ freikomme und ganz „ich selbst“ werde.

Gottes Ruf

In dem, was das menschliche Wachstum vorantreibt, kann ich auch den Anruf *Gottes* erkennen – sogar in Schicksalsschlägen und im Leiden. Wohlgemerkt: damit ist keine Schicksals-Ergebenheit gemeint, mit der ich mich nur „in den Willen Gottes ergebe" und dabei eigentlich untätig, vielleicht sogar resigniert bleibe! „Gottes Wille" ist ein Anruf an meine Freiheit, und verlangt meine aktive Antwort. Dann dient alles, was Gott von mir erwartet, auch alles, was er mir zumutet, meinem inneren Wachstum und meiner Reifung. Kann ich daran glauben? Auch Negatives wird dann positiv gewendet: Ein Verlust mag mir zeigen, wie sehr ich mich noch an vielem festklammere. Ein Schicksalsschlag mag mich weise und abgeklärt machen, weil ich die Vergänglichkeit alles Irdischen begreife. Ich lerne, klarer zu unterscheiden, was wirklich zählt, und dem in meinem Leben den Vorrang zu geben.

Ich lerne, das Leben zu lieben mitsamt seinen Dunkelheiten – es nicht nur zu ertragen, sondern wirklich zu *lieben*. „Trotzdem Ja zum Leben sagen", betitelt *Viktor Frankl* sein Buch über seine Erfahrungen im Konzentrationslager.[4)] Durch eigene Erfahrung hatte er dort gelernt, dem eigenen Leben Sinn zu geben gerade durch die aktive Bewältigung eines schweren Schicksals. Und er fand dabei seinen ganz eigenen Weg, seine eigene Weise zu denken und zu wirken, schließlich sogar sein eigenes Konzept von Psychotherapie.

> *Wir wissen, dass Gott bei denen, die ihn lieben, alles zum Guten führt.*
>
> Römerbrief 8,28

Zeit zum Verweilen und Nachdenken

- *Was war mir besonders wichtig – was will ich mir bewahren?*

Anregungen für das Gebet

Ich bete um Offenheit und Bereitschaft, die Herausforderungen des Lebens anzunehmen, um daran zu wachsen und zu reifen.
Hat mich Gottes Ruf schon einmal über meine Grenzen hinausgeführt?

Impuls für den Tag

Komme ich heute in eine Situation, in der ich mich selber besser kennen lernen, wachsen und mich verändern kann?

- *Habe ich eine eigene Idee für diesen Tag?*

2. WOCHE – 7. TAG
RÜCKBLICK AUF DIE WOCHE

Einstimmende Übung zur Sammlung: siehe S. 11-13

Ich rufe mir die Leitgedanken der Besinnungen in Erinnerung:

1. Tag: Wer bin ich selbst?
2. Tag: Mein „wahrer Wille".
3. Tag: Vom Ego zum Selbst.
4. Tag: Frei vom „Ego".
5. Tag: Aus innerer Freiheit leben.
6. Tag: Ein Weg der Wandlung und des Wachstums.

Ich denke nach:

- Was hat mich besonders angesprochen oder berührt?
- Ist mir eine besondere Erfahrung zuteil geworden?
- Hat sich etwas in meinem Leben verändert?
- Habe ich mehr zu meinem eigentlichen Wesen gefunden?
- Was möchte ich mir bewahren?

Zeit zum Verweilen und Nachdenken

Anregungen für das Gebet

- Ich *danke* Gott für gute Erfahrungen, neue Einsichten, inneres Wachstum, positive Veränderungen in meinem Verhalten, mehr Freiheit...
- Ich *übergebe* Gott alles, was unbefriedigend verlaufen ist. Im Vertrauen auf seine Vergebung darf ich es loslassen.
- Ich *bitte* Gott um Segen für alles, was ich mir vorgenommen habe – besonders darum, mich mehr von meinem „Ego" befreien und aus meinem wahren Wesen leben zu können.
- Vielleicht will ich noch in weiteren persönlichen Anliegen beten.

Impuls für den Tag

Was war das Wichtigste, das ich in dieser Woche für meine praktische Lebensgestaltung entdeckt habe? Das vertiefe ich heute noch einmal.

3. WOCHE:

WEGE ZU MEHR FREIHEIT

Einstimmendes Schriftwort

So spricht Gott, der Herr: ...
Ich hole euch heraus aus den Völkern. Ich sammle euch aus allen Ländern und bringe euch in euer Land.
Ich gieße reines Wasser über euch aus – dann werdet ihr rein. Ich reinige euch von aller Unreinheit und von allen euren Götzen. Ich schenke euch ein neues Herz und lege einen neuen Geist in euch. Ich nehme das Herz von Stein aus eurer Brust und gebe euch ein Herz von Fleisch. Ich lege meinen Geist in euch und bewirke, dass ihr meinen Gesetzen folgt und auf meine Gebote achtet und sie erfüllt.
Dann werdet ihr in dem Land wohnen, das ich euren Vätern gab. Ihr werdet mein Volk sein, und ich werde euer Gott sein.

Ezechiel 36,22a.24-28

3. Woche – 1. Tag
Was will ich wirklich?

Einstimmende Übung zur Sammlung: siehe S. 11-13

Zur Besinnung

Weiß ich, was ich will?

„Im Gegensatz zum Tier sagt dem Menschen kein Instinkt, was er muss. Im Gegensatz zu früher sagt ihm keine Moral mehr, was er soll. Nun scheint er nicht mehr recht zu wissen, was er will!" (*Viktor Frankl*).

Um von meiner Freiheit Gebrauch machen zu können, muss ich *wissen*, was ich will. Das ist nicht so einfach, wie es scheint. Viele passen sich nämlich nur anderen an. Sie tun, was „man" tut, oder was von ihnen erwartet wird. Sie tun das, von dem sie glauben, dass es ihnen Ansehen, Erfolg, Anerkennung usw. einbringt. Doch tun sie, was sie selbst wollen? Tatsächlich bleiben sie fremdbestimmt. Denn wenn ich nicht weiß, was ich will, bestimmen andere über mich – direkt oder indirekt. Im schlimmsten Fall hört man doch wieder auf irgendwelche Autoritäten.

Eine Übung

Die folgende Übung erscheint simpel, hilft aber, sich selbst und das eigene Wollen besser wahrzunehmen. Ich führe sie am besten dann aus, wenn ich möglichst wenigen äußeren Beschränkungen ausgesetzt bin, also z.B. in der Freizeit oder im Urlaub. In jeder, auch ganz alltäglichen Situation frage ich mich: Was will ich denn jetzt *wirklich?* Will ich z.B. lieber ein Buch lesen ... oder schwimmen gehen ... eine Wanderung machen ... oder nur einfach in der Sonne liegen, ohne etwas Bestimmtes zu tun?

Ich frage weiter: Was würde ich wohl *ohne* diese bewusste Überlegung tun? Das, was *ich* will – oder etwas anderes? Und warum? So merke ich, was mich sonst noch beeinflusst: vielleicht bloß meine Bequemlichkeit ... das, wovon ich denke, dass man es von mir erwartet ... der Blick darauf, was andere dazu wohl sagen würden ... was ich für meine Pflicht halte ... selbst auferlegte Verpflichtungen...

Wachsende Bewusstheit

Unabhängig davon, was ich am Ende tatsächlich tue oder lasse, geht es hier erst einmal darum, zu „sortieren", was in mir vorgeht, und am Ende eine *be-*

wusste, „gewollte“ Entscheidung zu treffen. „Freiheit“, sagt der russische Schriftsteller *Leo Tolstoj*, „besteht nicht darin, zu tun, was man will, sondern zu wollen, was man tut!“ Nach und nach wird es mir selbstverständlich, in diesem Sinn „bewusster“ zu leben und mich selbst sorgfältiger wahrzunehmen. Dann brauche ich keine so komplizierten Überlegungen mehr. Ich spüre spontan, „was ich wirklich will“.

Oft werde ich mich dabei weitgehend in meinem „Oberflächen-Ich“ bewegen. Daran ist zunächst nichts falsch. Es ist auch nichts Schlechtes daran, mir selber etwas Gutes zu tun, mir etwas zu erlauben, mir ein angenehmes Leben zu machen... Nicht einmal, nach Erfolg, Anerkennung, Vergnügen usw. zu streben. Es ist so lange nichts Schlechtes daran, wie

1. ich anderen damit nicht in die Quere komme oder ihnen gar Schaden zufüge; und
2. ich nicht im „Oberflächen-Ich“ *gefangen* bleibe, die Frage nach dem „tieferen Wesen“ also nicht vergessen wird.

Letzteres ist allerdings heute eine große Gefahr! Man denkt, man habe sich schon „selbst verwirklicht“, weil man tut, was man will, und sich ein schönes Leben in Wohlstand und Sicherheit verschafft hat. Das droht die Verwirklichung des „wahren Wesens“ zu überlagern und auf Dauer zu verhindern. Ich muss wissen, dass sich die wesentlichen Fragen erst noch stellen. So lange ich das nicht vergesse, kann ich bewusstes und selbstbestimmtes Leben schon „an der Oberfläche“ einüben. Die damit gewonnene Bewusstheit und Selbstwahrnehmung hilft dann auch für ernsthaftere Fragen.

> *Ihr seid zur Freiheit berufen, Brüder/Schwestern! Nur nehmt die Freiheit nicht zum Vorwand für das Fleisch, sondern dient einander in Liebe!* Galaterbrief 5,13

Zeit zum Verweilen und Nachdenken

➢ *Was war mir besonders wichtig – was will ich mir bewahren?*

Anregungen für das Gebet

Ich danke Gott für die Freiheit, zu der er mich geschaffen hat, und bitte ihn um die Fähigkeit zu einem bewussteren, selbstbestimmteren Leben.

Impuls für den Tag

In allem suche ich zu erspüren: *Was will ich wirklich?*

➢ *Habe ich eine eigene Idee für diesen Tag?*

3. WOCHE – 2. TAG
„TROST" UND „FRUCHT"

Einstimmende Übung zur Sammlung: siehe S. 11-13

Zur Besinnung

Wie kann ich von meiner Freiheit Gebrauch machen, wenn es um die größeren Weichenstellungen im eigenen Leben geht? Woran kann ich mich orientieren?
Sein Leben lang hatte sich *Ignatius von Loyola* mit dem befasst, was er die „Unterscheidung der Geister" nannte, und nach Maßstäben gesucht, die helfen, die richtigen Entscheidungen zu treffen. Zwei Maßstäbe stechen hervor. Er nennt sie „Trost" und „Frucht".[5)]

„Trost": Einklang mit sich selbst

„Trost" ist der subjektive Maßstab: Mit einer Entscheidung, die ich treffe, mit einem Weg, den ich einschlage, muss ich innerlich übereinstimmen. Niemals darf ich *gegen* mein eigenes Wesen leben.
Leider geschieht das viel zu häufig. Man heiratet eine „gute Partie", doch ohne viel Liebe. Der Sohn übernimmt das Geschäft der Eltern, obwohl er lieber etwas ganz anderes täte; prompt wird er unglücklich. Selbst Priester und Ordensleute folgen manchmal mehr einem Pflichtgefühl oder Erwartungen anderer statt einer echten Berufung; Krisen sind dann unvermeidlich.
Meist findet man mehr als eine Möglichkeit, mit der man innerlich übereinstimmen könnte. Was entspricht meinem *tiefsten* Wesen? Wer unschlüssig ist, dem rät *Ignatius*, einen möglichen Weg ein Stück weit zu gehen. Spüre ich dann, dass es für mich der richtige ist? Dann gehe ich ihn weiter. Wehrt sich etwas in mir? Dann dürfte es der falsche Weg sein. *Äußere* Widerstände dagegen sollte man hier eher als positive Herausforderung sehen; entscheidend ist die *innere* Übereinstimmung.

„Frucht": Bewirke ich Gutes?

Hier blicke ich über mich hinaus und frage, ob mein Leben, mein persönlicher Weg auch anderen zu Gute kommt, und was ich Positives bewirken kann. Das muss wiederum zu meinen Fähigkeiten passen, doch oft ist es sinnvoll, sich dem zu stellen, was man als die größere Herausforderung empfindet, ja sich vielleicht kaum zutraut. Dies erst weckt mein *verborgenes* Potenzial!

Die „Frucht“ stiftet *Sinn*. Sinn entsteht, wenn mein Leben in einen größeren Zusammenhang kommt, wenn es für etwas oder jemanden gut ist! Wer einen Mitmenschen glücklich macht, erfährt darin Sinn. Wer die Welt zu einem besseren Ort macht, und sei es nur im Kleinen, erfährt mehr Sinn. Am meisten Sinn findet, wer sich zugleich in Einklang mit dem Ruf *Gottes* sieht: Wie groß oder klein auch immer – was ich tue, dient einem umfassenden Plan, und bekommt Sinn für die Ewigkeit.

Begleitung – und eigene Wahl

Für große Lebensentscheidungen genügt *ein* Maßstab allein nicht. „Trost“ und „Frucht“ sollten in dieselbe Richtung weisen. Helfen kann ein geistlicher Begleiter. Er soll mir nicht sagen, was ich tun soll – sonst ist es nicht mehr *meine* Entscheidung, und die Auswirkungen im Guten wie im Schlechten muss ohnehin ich selber auf mich nehmen. Der Begleiter soll zuhören, nachfragen, klären helfen, äußerstenfalls Vorschläge machen. „Im Spiegel des Gesprächs“ finde ich zu mehr Klarheit.

Wer gläubig ist, wird hier immer auch nach dem „Willen Gottes“ fragen. Dann helfen Gebet und Stille zur Klarheit. Dort suche ich die Erleuchtung durch den Heiligen Geist.

Trotz aller Abwägung bleiben oft dennoch mehrere Möglichkeiten. Gäbe es absolut eindeutig nur eine, bliebe ja keine Freiheit! Ich kann wählen – und *muss* wählen. Ungewissheit gehört dazu, ebenso der (möglichst entschlossene) Abschied von anderen Wegen. Das ist, wie immer, der Preis der Freiheit.

> *Gleicht euch nicht dieser Welt an, sondern wandelt euch und erneuert euer Denken, damit ihr prüfen und erkennen könnt, was der Wille Gottes ist: was ihm gefällt, was gut und vollkommen ist.*
>
> Römerbrief 12,2

Zeit zum Verweilen und Nachdenken

- *Was war mir besonders wichtig – was will ich mir bewahren?*

Anregungen für das Gebet

Ich bitte Gott um innere Führung, damit ich die Entscheidungen treffen kann, die meinem Leben Sinn verleihen.

Impuls für den Tag

Auf „Trost“ = inneren Einklang und „Frucht“ = positive Auswirkungen achten.

- *Habe ich eine eigene Idee für diesen Tag?*

3. Woche – 3. Tag
„Emanzipation"?

Einstimmende Übung zur Sammlung: siehe S. 11-13

Zur Besinnung

Gegen alle Regeln

„Emanzipation" war lange Zeit ein beliebtes Schlagwort, wenn es um Freiheit ging. Es galt auch als „Globalziel" der Erziehung, junge Menschen zu „emanzipierten" Persönlichkeiten werden zu lassen.
„Emanzipation" meint zunächst ganz wörtlich, die Verfügung über das eigene Leben fremden Mächten „aus der Hand zu nehmen" (lateinisch *„e manu capere"*), und sie in die eigene Verantwortung zu bekommen. Dies schließt nicht nur Befreiung von der Vormundschaft anderer Personen, sondern gerade auch von Normen, Vorschriften und Erwartungen der Gesellschaft, des Staates, der Wirtschaft, der Religion usw. ein. Es geht hier also um Befreiung von *geistigen* Einschränkungen und Fesseln.
Manche meinten dann, sie seien am freiesten, wenn sie sich absolut nichts mehr vorschreiben ließen und gegen alle moralischen oder religiösen Normen lebten. Die seien doch bloße Fremdbestimmung, oft noch von Machtinteressen geleitet. Doch damit gerieten sie schnell in Konflikt mit anderen. Gegen alle Regeln zu leben macht buchstäblich „asozial": unfähig, mit anderen auszukommen!

„Die Grenze meiner Freiheit ist die Freiheit der Anderen"

Diese alte Faustregel trägt der Tatsache Rechnung, dass wir schließlich nicht allein auf der Welt sind. Alles, was ich tue, betrifft andere mit. Jeder möchte frei sein, jeder möchte sich entfalten und seine Interessen verfolgen. Zwangsläufig geraten wir dabei in Konflikt miteinander. Wenn dann nicht das Faustrecht herrschen soll, das jegliche Freiheit wieder zerstört, muss man

- entweder sich in jeder Situation von Fall zu Fall einigen und faire Kompromisse aushandeln (was mühsam ist);
- oder sich an allgemein anerkannte Regeln halten, die die Grenzen der Freiheit festlegen und zerstörendes Verhalten unterbinden.

Verantwortete Freiheit

Vorgegebene Normen und Erwartungen in Frage zu stellen bedeutet zunächst einen Zugewinn an Freiheit. Denn gesellschaftliche oder religiöse Normen und Regeln funktionieren weitgehend unbewusst. Sie wurden anerzogen. Oft kennt man nichts anderes und weiß nicht, dass vieles im Leben auch anders gehen könnte. Man hält sich an das, was alle für gut und richtig halten. Was davon abweicht, gilt als böse.
Oder ist es vielleicht nur *anders*, aber darum nicht schlechter? Normen in Frage zu stellen ist Teil eines Reifungsprozesses! Ich folge nicht mehr dem, was andere oder meine Umgebung mir vorschreiben, sondern bilde mir mein eigenes Urteil.
Kein Mensch kann mit anderen zusammenleben, ohne bestimmte (vor allem moralische) Normen und Regeln zu bejahen. Frei bin ich dann, wenn ich sie aufgrund eigener Überlegung und selbständigen Urteilens bejahe! Dabei werde ich manches, was mir anerzogen worden war, ablegen – und anderes, jetzt sehr bewusst, übernehmen.
Gesellschaftliche und religiöse Normen sind schließlich nicht zufällig entstanden. Sie enthalten eine Menge Lebensweisheit und Erfahrung über das, was auf menschliches Zusammenleben fördernd oder zerstörend wirkt. Daraufhin darf ich sie prüfen! Was ich dann für mich übernehme, schränkt nicht mehr meine Freiheit ein, sondern *ermöglicht* erst ein Zusammenleben in Freiheit und gegenseitiger Achtung. Es ist *verantwortete* Freiheit.

> *„Alles ist erlaubt“ – aber nicht alles nützt. „Alles ist erlaubt“ – aber nicht alles baut auf. Denkt dabei nicht an euch selbst, sondern an die anderen.* 1. Korintherbrief 10,23-24

Zeit zum Verweilen und Nachdenken

- *Was war mir besonders wichtig – was will ich mir bewahren?*

Anregungen für das Gebet

Fallen mir Regeln und Normen ein, die mir anerzogen wurden? Halte ich sie für sinnvoll, oder engen sie mich nur ein?
Ich bitte Gott um die Gabe der Unterscheidung.

Impuls für den Tag

Wo kann ich mir mehr Freiheit erlauben? Wo gilt es, die Freiheit anderer zu achten?

- *Habe ich eine eigene Idee für diesen Tag?*

3. Woche – 4. Tag
Was hat mich geprägt?

Einstimmende Übung zur Sammlung: siehe S. 11-13

Zur Besinnung

Was hat mich geformt?

An einem Kurs teilzunehmen, bei dem man die eigene Lebensgeschichte überdenkt, ist eine faszinierende Erfahrung: Nach und nach verstehe ich, wie ich zu dem geworden bin, der ich bin. Vieles hat mich geprägt. Am stärksten graben sich Einflüsse aus Kindheit und Elternhaus ein. Sie stecken tief im Unbewussten und wirken, ohne dass ich es merke. Doch sie sind kein unveränderliches Schicksal!

Wie haben meine Eltern mich erzogen? Wie gingen sie mit mir als Kind um? Was lebten sie mir vor? Als Kind übernimmt man einfach die „Lebensphilosophie" der Eltern; man kennt ja keine andere. Sind mir da bestimmte „Sprüche" in Erinnerung geblieben? Vielleicht lebe ich immer noch danach.

Auch Schule und Freundeskreis prägen, ebenso die Erfahrungen der Pubertät. Wie ging es mir z.B. in der Schule? War ich ein guter oder schlechter Schüler? Wie standen meine Lehrer zu mir? Welche Rolle spielte ich in der Klasse? Gehörte ich dazu, oder war ich ein Außenseiter? War ich angepasst oder eher ein Rebell? Wie gestalteten sich meine Freundschaften, meine ersten Liebesbegegnungen? Manche „Rollen" spiele ich vielleicht noch heute...

Ich entdecke aber auch die Kraftquellen, aus denen ich mein Leben aufgebaut und trotz vieler Widrigkeiten bewältigt habe: meine Begabungen und Fähigkeiten; Geduld und Beharrlichkeit im Verfolgen von Zielen, Mut immer neu zu beginnen, Optimismus...; das „Auftanken" in der Stille, in der Natur, durch Musik...; die guten menschlichen Beziehungen; meine moralischen Grundsätze; das, woran ich glaube...

Woraus lebe ich? Was trägt mich? Aus solchen Kraftquellen zu schöpfen, ja sie zu vertiefen und weiter zu entfalten, lässt mich wachsen!

Schritte zur Freiheit

> *Ihr werdet die Wahrheit erkennen, und die Wahrheit wird euch befreien.*
>
> Johannes-Evangelium 8,32

Solange ich einfach dahinlebe, bleibe ich in eingefahrenen Verhaltensmustern gefangen. Erst indem ich darüber nachdenke und dazu Stellung beziehe, erobere ich allmählich meine Freiheit. Dass ich mich immer neu mit meinen Prägungen auseinandersetze und lerne, eigene, überlegte Entscheidungen zu treffen, macht einen großen Teil meiner Freiheit aus! Dabei muss ich mich nicht gegen alles wehren. Vieles prägt mich positiv, eröffnet Chancen; ich kann es bejahen. Befreien muss ich mich von all dem, was mich einengt, was Angst macht, was Aggression, Depression oder andere zerstörerische Gefühle weckt. Kann ich wahrnehmen lernen, was in mir vorgeht: ob ich jetzt unfrei, vom Unbewussten gesteuert, oder frei und selbständig bin?

Sich selber besser kennen und durchschauen zu lernen ist erst der Anfang. Veränderungen fallen schwer. Die einfühlsame Begleitung durch eine Vertrauensperson hilft da viel. Nur in Problemen und Belastungen zu wühlen führt allerdings kaum weiter. Mehr bewirkt es, die Quellen ausfindig zu machen, aus denen heraus ich wachsen kann.

Eine ungewöhnliche Besinnung: Ich frage nicht nach dem, was ich ändern will, sondern nach dem, was in meinem Leben *gut* läuft. Was baut mich auf? Was gelingt mir? Was will ich beibehalten? Wo liegen meine Stärken, wo die positiven Erfahrungen, die mich tragen? Wenn ich dies fördere, ändert sich manches andere fast von selbst!

Am tiefsten geht es, wenn ich meine Prägungen (gerade die, unter denen ich leide) im Gebet vor Gott ausbreite. Ohne etwas zu beurteilen sage ich ihm, wie ich mich erlebe und was in mir vorgeht. Ich erzähle von den belastenden Erinnerungen und den damit verbundenen Gefühlen. Dann lasse ich alles los und gebe es an ihn weg. *Er* schafft mich neu. Vielleicht nicht gleich beim ersten Mal, sicher aber über längere Zeit hinweg erfahre ich, wie ich mit meinem Leben ausgesöhnt und freier werde. Ein „neues Herz“ wächst in mir.

Zeit zum Verweilen und Nachdenken

- *Was war mir besonders wichtig – was will ich mir bewahren?*

Anregungen für das Gebet

Ich bete (möglichst konkret) um innere Heilung und Befreiung aus den Fesseln meiner Lebensgeschichte, und um Wachstum in dem, was mich trägt.

Impuls für den Tag

Sensibel werden für meine Prägungen, und mich damit auseinandersetzen.

- *Habe ich eine eigene Idee für diesen Tag?*

3. WOCHE – 5. TAG
DIE INNEREN FESSELN SPRENGEN

Einstimmende Übung zur Sammlung: siehe S. 11-13

Zur Besinnung

Prägende Botschaften

Psychologen weisen darauf hin, dass jeder Mensch stark geprägt ist von „Botschaften" aus seiner Kindheit. Sie graben sich tief ins Unterbewusstsein ein. Diese Botschaften werden selten direkt ausgesprochen, sondern eher indirekt mitgeteilt durch das Verhalten und die Erwartungen der maßgeblichen Bezugspersonen, bei den Eltern angefangen. Sie können positiv klingen: „Wir freuen uns, dass du da bist!" – „Du bist erwünscht und willkommen!" – „Wir lieben dich so, wie du bist!" – „In dir steckt so viel Gutes!" – „Du schaffst das! Wir trauen dir etwas zu!" So ermutigen sie zum Leben.
Leider fallen die lebensprägenden Botschaften oft negativ aus. Dann werden sie zur Fessel. Am schlimmsten sind Botschaften, die einen Menschen herabsetzen oder ganz ablehnen: „Du störst nur!" – „Mit dir muss man sich immer schämen!" – „Alles machst du falsch! Aus dir wird nie etwas Rechtes werden!" – „Du bist unerwünscht; wir lehnen dich ab. Es wäre besser, es gäbe dich gar nicht!" Wie soll ein Mensch da ein Selbstwertgefühl entwickeln und den Mut finden, sein Leben anzupacken!
Weitere Botschaften sind „Einpeitscher" unserer Leistungsgesellschaft: „Streng dich an! Leiste mehr! Sei perfekt!" Dazu oft noch: „Sonst bist du nichts wert; sonst wirst du nicht akzeptiert!" Wie ein Sklave folgt ein Mensch dann dem Leistungsdruck – und hat doch stets das Gefühl, immer noch nicht zu genügen, oder irgendetwas falsch gemacht zu haben. Der Leistungsgesellschaft passt das, doch die Menschen werden unfrei.
Auch religiöse Botschaften können unterdrücken: ein allzu strenges Gottesbild; Angst, nur ja keine Sünde zu begehen und „Gott zu beleidigen"; Angst vor Strafe... Katholiken lernen zu beichten – aber lernen sie auch, an Gottes Barmherzigkeit wirklich zu *glauben?*

Dem Negativen Positives entgegensetzen

Wie werde ich frei von solchen einengenden Prägungen und Botschaften? Zuerst gilt es, sie überhaupt *wahrzunehmen:* Alles, was Angst und Druck macht, kann aus einer „Negativbotschaft" herrühren. Ich muss mich gezielt

davon lossagen und dem Negativen etwas Positives, Ermutigendes entgegensetzen. Leicht ist das nicht – unser Unbewusstes glaubt eher seinen Prägungen als dem bewussten Willen.
Habe ich *trotz* negativer Prägungen positive Lebenserfahrungen gemacht? Sie kann ich dem Negativen entgegensetzen: „Trau deinen eigenen Erfahrungen! Du bist deinen inneren Fesseln und Antreibern nicht wehrlos ausgeliefert! Du kannst auch anders – und hast es schon erlebt!"
Wirksamer als sich selbst etwas „einzureden" ist ein positiver Zuspruch durch andere. Wenn ein guter Freund oder ein liebevoller Partner mich ermutigt, mir etwas zutraut, mir seine Zuneigung bekundet... – dann zerbricht so manche Fessel.
Das Evangelium Jesu Christi ist, im Sinne des Wortes, eine „Gute Botschaft". Als Glaubender kann ich es den Negativbotschaften aus meiner Lebensgeschichte entgegensetzen: „Mögen Menschen mich ablehnen – Gott liebt mich dennoch! Sein Wohlwollen muss ich nicht erst durch Leistungen erwerben; er liebt mich vor aller Leistung und trotz aller Schuld. Er geht barmherzig mit meinen Fehlern um. Gott traut mir etwas zu. Er ruft mich zum Leben, so wie ich bin." So wird das Evangelium wahrhaft zur „Heilsbotschaft": Es heilt und befreit!

Zeit zum Verweilen und Nachdenken

- *Was war mir besonders wichtig – was will ich mir bewahren?*

Anregungen für das Gebet

> *Ich ließ meine Seele ruhig werden und still. Wie ein kleines Kind bei der Mutter ist meine Seele still in mir.*
>
> Psalm 131,2

Noch einmal darf ich jetzt Kind sein – *vor Gott.* Er ist mir Vater und Mutter. Ich suche so empfindsam und aufnahmefähig wie ein Kind zu sein. Meine Wunden und negativen Prägungen aus der Kindheit halte ich ihm hin und lasse die heilende Kraft seiner Liebe darauf einwirken. Dankbar bejahe ich die positiven Prägungen.

Impuls für den Tag

Spüre ich meine negativen Prägungen? Ich setze ihnen gezielt die „Gute Botschaft" des Evangeliums entgegen.

- *Habe ich eine eigene Idee für diesen Tag?*

3. WOCHE – 6. TAG
BEFREIENDE STILLE

Einstimmende Übung zur Sammlung: siehe S. 11-13

Zur Besinnung

Aus der einstimmenden Sammlungsübung heraus verweile ich in der Stille. Was geschieht da? In der Stille kann ich bestimmte elementare Erfahrungen machen. Die Stille „spricht" gleichsam zu mir.

„Ich bin da!"

In der Stille bin ich ganz „gegenwärtig", ganz gesammelt im Hier und Jetzt. So bin ich auch ganz bei mir. Sonst sind wir ja immer nach draußen gezogen, beschäftigen uns mit etwas oder jemandem außerhalb von uns. Endlich darf ich buchstäblich „zu mir kommen".
Ich nehme mich selbst wahr: Ich spüre meinen Leib, meinen Atem, vielleicht den Herz- oder Pulsschlag. Ich erlebe bewusst die Tätigkeit meiner Sinne. Ich nehme mein inneres Leben wahr: meine Gedanken und Empfindungen, mein Bewusstsein. Ich erfahre *bewusst*, was eigentlich selbstverständlich ist, und worauf wir doch so selten achten: Ich lebe, ich existiere *wirklich.*

„Sein ist sinnvoll!"

Jetzt muss ich nichts tun oder leisten. Ich ruhe einfach in mir. So nehme ich das Leben an sich, das Dasein an sich wahr – jenseits aller Beschäftigungen, die mich sonst ausfüllen.
Dabei entdecke ich: Das Leben an sich, das Sein als solches ist ja sinnvoll! Es wird nicht erst sinnvoll durch das, was ich tue oder leiste, sondern Dasein *ist* einfach sinnvoll. Es ist gut, zu leben! Ich sage „ja" zu meiner Existenz. So gelange ich zu einem tiefen Einklang mit dem Dasein selbst.
Das macht mich frei von Leistungsdruck und ähnlichen Abhängigkeiten. So vieles brauche ich gar nicht! Ich kann glücklich sein – mit wenig mehr als nichts...

„Ich bin ich!"

Noch hinter der Welt meiner Gedanken liegt in mir eine innere Mitte, von der aus ich wahrnehme, denke und handle. Von dieser Mitte aus sage ich *„ich"*.

Dies macht mein Personsein aus: Ich bin eine geistige Person, meiner selbst bewusst und gesammelt in meiner inneren Mitte.
So komme ich meinem „inneren Selbst" nahe. Von ihm aus kann ich dann auch deutlicher spüren, was mir entspricht: Was will ich wirklich – was will *ich*, und was haben mir nur andere aufgedrängt? Was ist mir wichtig? Welche Entscheidungen möchte ich treffen? So werde ich frei von den Erwartungen anderer, von anerzogenen Mustern, von moralischem oder religiösem Druck. Ich lerne, in Einklang mit mir selbst zu leben. Dann empfinde ich mein Leben als erfüllt, bin frei und selbstbestimmt.

„Ich werde getragen!"

Je länger ich in der Stille verweile, eingetaucht in die Erfahrung meines eigenen Daseins, umso mehr kann ich das *Geheimnis* des Seins erahnen: Es ist doch alles andere als selbstverständlich, dass ich existiere! Bin ich nicht gleichsam über dem Abgrund des Nichts gehalten und getragen – im Dasein gehalten? Da ahne ich eine größere Tiefe, eine geheimnisvolle, ungreifbare und doch unzweifelhaft reale Macht. Ich ahne den Urgrund allen Seins, der mich und die ganze Welt (buchstäblich) „sein lässt".
Die Stille führt mich hier in die religiöse Dimension hinein. Ich erahne, dass mein Leben im schöpferischen Willen jener „Grundmacht des Seins" gründet, die wir „Gott" nennen. Ich versuche, mich in diesen Urgrund hinein zu verwurzeln. Ganz bewusst nehme ich mein Leben aus seiner Hand entgegen. So erfahre ich mich als beschenkt, als bejaht – ja, als *geliebt!* In Gottes Liebe lasse ich mich hineinfallen.

In Umkehr und Ruhe liegt eure Rettung; nur Stille und Vertrauen verleihen euch Kraft! Jesaja 30,15

Zeit zum Verweilen und Nachdenken

- *Was war mir besonders wichtig – was will ich mir bewahren?*

Anregungen für das Gebet

Habe ich in der Stille die Nähe Gottes gespürt? Ich vertraue mich ihm an.

Impuls für den Tag

Gelegentlich unterbreche ich den Fluss des Alltags, werde still und mache mir neu bewusst: „Ich bin ich. Mein Dasein ist in sich sinnvoll. Ich werde von Gott getragen und geliebt." Das stärkt in mir Gelassenheit und Unabhängigkeit.

- *Habe ich eine eigene Idee für diesen Tag?*

3. WOCHE – 7. TAG
RÜCKBLICK AUF DIE WOCHE

Einstimmende Übung zur Sammlung: siehe S. 11-13

Ich rufe mir die Leitgedanken der Besinnungen in Erinnerung:

1. Tag: Was will ich wirklich?
2. Tag: „Trost“ und „Frucht“. *Maßstäbe für Entscheidungen.*
3. Tag: „Emanzipation“? *Verantwortete Freiheit.*
4. Tag: Was hat mich geprägt?
5. Tag: Die inneren Fesseln sprengen. *„Negativ-Botschaften“ überwinden.*
6. Tag: Befreiende Stille.

Ich denke nach:

- Was hat mich besonders angesprochen oder berührt?
- Ist mir eine besondere Erfahrung zuteil geworden?
- Hat sich etwas in meinem Leben verändert?
- Habe ich gelernt, mich besser wahrzunehmen und bewusster zu leben?
- Konnte ich mich von einengenden Prägungen und „Negativ-Botschaften“ frei machen?
- Was möchte ich mir bewahren?

Zeit zum Verweilen und Nachdenken

Anregungen für das Gebet

- Ich *danke* Gott für gute Erfahrungen, neue Einsichten, inneres Wachstum, positive Veränderungen in meinem Verhalten, mehr Freiheit...
- Ich *übergebe* Gott alles, was unbefriedigend verlaufen ist. Im Vertrauen auf seine Vergebung darf ich es loslassen.
- Ich *bitte* Gott um Segen für alles, was ich mir vorgenommen habe – besonders darum, mehr „ich selbst“ sein zu können.
- Vielleicht will ich noch in weiteren persönlichen Anliegen beten.

Impuls für den Tag

Was war das Wichtigste, das ich in dieser Woche für meine praktische Lebensgestaltung entdeckt habe? Das vertiefe ich heute noch einmal.

4. Woche:

Die Freiheit der Kinder Gottes

Einstimmendes Schriftwort

Der Herr sprach zu Mose: Ich habe das Elend meines Volkes in Ägypten gesehen, und ihre laute Klage über ihre Antreiber habe ich gehört. Ich kenne ihr Leid. Ich bin herabgestiegen, um sie der Hand der Ägypter zu entreißen und aus jenem Land hinaufzuführen in ein schönes, weites Land, in ein Land, in dem Milch und Honig fließen. ...
Jetzt ist die laute Klage der Israeliten zu mir gedrungen, und ich habe auch gesehen, wie die Ägypter sie unterdrücken. Und jetzt geh! Ich sende dich zum Pharao. Führe mein Volk, die Israeliten, aus Ägypten heraus!

Exodus 3,7-10

4. WOCHE – 1. TAG
EIN GOTT DER FREIHEIT

Einstimmende Übung zur Sammlung: siehe S. 11-13

Zur Besinnung

Feind der Freiheit?

„Ein einziges Mal hatte ich das Gefühl es gäbe ihn. Ich wollte eine Untat vertuschen, als Gott mich plötzlich sah. Ich wurde furchtbar böse wegen dieser dreisten Taktlosigkeit; ich fluchte. Gott sah mich seitdem nie wieder an." So der atheistische Philosoph *Jean Paul Sartre*.
Kommt mir das bekannt vor? Was empfinde ich, wenn ich an „Gott" denke? Allzu viele verbinden den Gedanken an Gott, ja an Religion insgesamt keineswegs mit Freiheit, sondern eher mit Enge, Kontrolle, Vorschriften – also mit *Einschränkungen* der Freiheit.
Dabei sollte es doch ganz anders sein! Schon im Alten Bund tritt Gott, gleich zu Beginn der Geschichte Israels, als *Befreier* auf: Er führt das Volk heraus aus der Knechtschaft in Ägypten, hinein in ein Land, in dem es in Frieden und Freiheit leben kann. Selbst das Gesetz, das er Israel mitgibt, dient der Freiheit: Es regelt das Zusammenleben so, dass Menschen einander die Freiheit nicht wegnehmen. Die „Zehn Gebote" markieren Grenzen, deren Missachtung die Freiheit zerstören würde. Sie sind „Wegweiser" zu gelingendem Leben. Wer würde schon einen Wegweiser missachten, oder sich gar von ihm in der eigenen Freiheit beschränkt fühlen...?

> *Der Herr sprach zu Mose: Ich habe das Elend meines Volkes in Ägypten gesehen, und ihre laute Klage über ihre Antreiber habe ich gehört. Ich kenne ihr Leid. Ich bin herabgestiegen, um sie der Hand der Ägypter zu entreißen.*
>
> Exodus 3,7-8a

Auch im Neuen Testament ist viel von Freiheit die Rede. *Jesus* befreit Menschen von der Last ihrer Schuld, von Krankheit und zerstörenden Mächten („unreinen Geistern"), von Angst, Einsamkeit und einem sinnlosen Leben. Schließlich besiegt er den Tod, den letzten Feind des Lebens und der Freiheit. Für *Paulus* bedeutet „Freiheit in Christus" vor allem Freiheit von einem Gesetz, das längst nicht mehr Freiheit ermöglichte, sondern Menschen gängelte und mit der Angst knechtete, nur ja nichts falsch zu machen. Er freute sich, aus der Liebe Gottes und der Vergebung zu leben, die Jesus brachte. Wer liebt, braucht kein Gesetz mehr – aus innerstem Willen tut er das Rechte, und fühlt sich frei dabei.

Zurück zum Gott der Freiheit!

Wie konnte das alles nur so verloren gehen! War die „Furcht vor der Freiheit" so groß, dass man sich lieber in das Gefängnis einer Moral zurück begab, die alles regelte? Fürchtete man den Missbrauch der Freiheit so sehr, dass man lieber die Freiheit gleich ganz außer Kraft setzte? Lange hielt man die Gläubigen in einem „psychologischen Zwangssystem" aus Vorschriften, Sünden- und Höllen-Ängsten gefangen, missbrauchte u.a. die Beichte als Kontroll-Instrument. In ihrem Moralismus stand die katholische Kirche dem Gesetzesdenken der Pharisäer näher als der „Guten Nachricht" von Jesus. Noch im 19. Jahrhundert verurteilte *Papst Pius IX.* die bürgerlichen Freiheiten als „Irrtümer der Neuzeit". Erst seit dem 2. Vatikanischen Konzil würdigen kirchliche Äußerungen die Freiheit positiv.
Es wird also Zeit, den wirklichen, lebendigen Gott neu zu entdecken, wie ihn uns die Bibel vorstellt! Den Gott, der uns Menschen liebt, der ein Leben in Freiheit und Sinnerfüllung will, der uns zutraut, in eigener Verantwortung den rechten Weg zu finden, und der „fehlertolerant" ist, also Fehlverhalten ohne Groll und Strafe verzeiht, sobald wir es einsehen. Zugleich den Gott, der uns über das bürgerliche Ideal der Freiheit hinausführt: Er läutert es von Widersprüchen, Zwiespältigkeit und Oberflächlichkeit, und führt uns in Dimensionen der Freiheit hinein, die auf einer rein menschlichen Ebene gar nicht zugänglich sind.

Zeit zum Verweilen und Nachdenken

- *Was war mir besonders wichtig – was will ich mir bewahren?*

Anregungen für das Gebet

Möglichst ehrlich prüfe ich meine Gefühle, wenn ich an Gott denke.
Dann bitte ich Gott, mich von einengenden, die Freiheit behindernden Vorstellungen über ihn zu befreien.

Impuls für den Tag

Wo fühle ich mich kontrolliert oder gar unterdrückt? Davon mache ich mich frei. Gott will mich als freien Menschen!

- *Habe ich eine eigene Idee für diesen Tag?*

4. WOCHE – 2. TAG
„GÖTZENDIENST“

Einstimmende Übung zur Sammlung: siehe S. 11-13

Zur Besinnung

Kein anderer Gott!

> *Ich bin Jahwe, dein Gott, der dich aus Ägypten geführt hat, aus dem Sklavenhaus. Du sollst neben mir keine anderen Götter haben.* Exodus 20,2-3

In unserer aufgeklärten Zeit, in der viele nicht einmal mehr an den Einen Gott glauben, sollte man meinen, dass es so etwas wie „Götzendienst“ nicht mehr gibt. Doch was soll man davon halten, wenn:

- Männer an jedem Wochenende vor ihrem Auto niederknien, es sorgsam schrubben und stundenlang daran herumschrauben;
- Frauen Stunden vor dem Spiegel verbringen, um an ihrer Schönheit zu feilen;
- Frauen wie Männer so ängstlich um Gesundheit und richtige Ernährung besorgt sind, dass sie sich und andere damit verrückt machen; ...

Solche Beispiele ließen sich vermehren. Es scheint: sobald der Eine Gott hinausgeworfen ist, kommen viele Götzen durch die Hintertür herein – und sie beherrschen den Menschen derart, dass er seine innere Freiheit verliert!

„Abgötter“

„Woran der Mensch sein Herz hängt, das ist sein wahrer Gott – oder sein Abgott“ (*Martin Luther*). Wer sein Herz allzu sehr an etwas hängt, macht es zu einem „Abgott“ oder „Götzen“. Er erwartet Glück und Lebenserfüllung davon, meint frei und selbstbestimmt zu sein – doch er macht sich nur abhängig. Oft zerstört er damit das, was seinem Leben wirklich Sinn geben würde. Der Konsum-Materialist lässt seine geistigen Interessen verkümmern und „versackt“ bei Bier und Chips vor der „Glotze“; manche verschulden sich für übermäßige Konsumausgaben. Der Karriere-Mensch ruiniert seine Gesundheit und vernachlässigt seine Familie. Wer nach Macht strebt, wird leicht so dominant, dass es niemand mehr bei ihm aushält. Der Anerkennungs-Sklave verrät eigene Überzeugungen, um „dazu zu gehören“, und stürzt in Verzweiflung, wenn es ihm versagt bleibt. Mancher folgt blind einer Autorität oder lässt sich von einem Idol so prägen, dass er nicht mehr er selbst ist. Der Fitness-

Apostel ruiniert durch übertriebenes Training, was er eigentlich fördern wollte: seine Gesundheit. Den Sex-Besessenen treibt es von einer „Affäre“ zur nächsten, ohne dass er je wirkliche Liebe findet. Der Fanatiker (auch der religiöse) opfert Menschen seiner Idee; sogar ideale Werte und Ziele werden verkehrt, sobald man sie „ideologisch“ durchsetzen will. Wer „blind vor Liebe“ ist, setzt seine/n Partner/in unter Druck mit der Erwartung, „sein ganzes Glück“ sein zu müssen ... (Das sind nur einige Schlaglichter.)
Meist sind die Dinge oder Ziele nicht einmal falsch oder schlecht. Es fehlt nur das rechte Maß im Umgang mit ihnen. Die *Übertreibung* macht sie zu Götzen. Wir *erschaffen* die Götzen, indem wir sie als etwas Absolutes betrachten. „Unbedingt“ ist ein gefährliches Wort: Wer etwas „unbedingt“ erreichen oder auch festhalten will, macht sich davon abhängig!

Der Eine Gott befreit

Was befreit uns davon? Die Hinwendung zum Einen und lebendigen Gott! Er allein geht mich *unbedingt* an. Nichts und niemand in dieser Welt kann eben unsere Sehnsucht nach Glück und Sinn ganz erfüllen. Erwarten wir es dennoch, erschaffen wir einen Götzen. Gott allein füllt unsere grenzenlose Sehnsucht aus. Dies anzuerkennen bewahrt mich davor, anderes an die Stelle Gottes, nämlich auf den *ersten Rang* in meinem Leben zu setzen.
Dann kann mich nichts mehr beherrschen. Ich „stehe darüber“, kann alles im rechten Maß gebrauchen, aber auch wieder loslassen. Meist verlieren materielle Werte an Bedeutung, „Werte des Lebens“ wie Natur und Kultur, Selbstfindung, Ideale, und vor allem menschliche Beziehungen rücken in die Mitte. Sie sind es, die Erfüllung und damit Sinn stiften. Doch auch hier nicht, indem ich etwas zu erzwingen suche (sonst würden noch sie wieder zu Götzen!), sondern indem ich mich verschenke und mich in Freiheit beschenken lasse.

Zeit zum Verweilen und Nachdenken

- *Was war mir besonders wichtig – was will ich mir bewahren?*

Anregungen für das Gebet

Ich bitte um die Sensibilität zu spüren, wo ich meine innere Freiheit verliere – und um den Mut, Gott allein den ersten Rang in meinem Leben einzuräumen.

Impuls für den Tag

Nehme ich wahr, wo ich einem „Götzen“ zu verfallen drohe?

- *Habe ich eine eigene Idee für diesen Tag?*

4. WOCHE – 3. TAG
GOTTES WILLEN ERFÜLLEN?

Einstimmende Übung zur Sammlung: siehe S. 11-13

Zur Besinnung

Eigenwille contra „Wille Gottes“

„Wenn du Gott ernst nehmen willst, musst du deinen eigenen Willen aufgeben. Du musst dich selbst verleugnen und den Willen Gottes tun!“ So lautet ein häufig zu hörender religiöser Leitsatz. Dem modernen, auf seine Freiheit bedachten Menschen sträuben sich da die Haare: Ist das nicht die totale Fremdbestimmung? Ich darf nicht meinem Willen folgen, sondern soll mich dem Willen eines andern unterwerfen? Wo bleibt da meine Freiheit? Ist Gott eine Art „Diktator“?

So schroff wie anfangs formuliert führt der Satz jedenfalls in die Irre. Es fehlt ihm nämlich eine wichtige Unterscheidung: die zwischen dem Willen des „Oberflächen-Ich“ und dem „wahren Willen“ des tieferen Wesens. Zu meinen oberflächlichen Wünschen mag Gottes Wille oft in Kontrast stehen. Doch das tut auch der Ruf meines „besseren Selbst“! Haben vielleicht beide – Gottes Wille und der „wahre Wille“ meines Selbst – mehr gemeinsam, als man zunächst denken mag?

Worin besteht „Gottes Wille“?

Was ist das überhaupt, der „Wille Gottes“? Keine Stimme vom Himmel teilt ihn mir ja mit. Worin besteht er? „In den Geboten“, heißt es dann schnell. Doch in welchen? Das Christentum hat viele Gebote des Alten Bundes über Bord geworfen, obwohl sie in der Bibel stehen. Dafür hat es neue aufgestellt. Muss man nicht mit jedem Gebot das machen, was *Jesus* immer wieder getan hat: es auf seinen *inneren Sinn* hin befragen – und gegebenenfalls in Frage stellen? Am ehesten können die elementaren Regeln menschlichen Umgangs, wie sie in den „Zehn Geboten“ formuliert sind, als „Wille Gottes“ gelten. Gott will, dass Menschen in Frieden, Gerechtigkeit und gegenseitiger Achtung zusammenleben. Verstöße gegen diese Gebote stören dies oder zerstören es sogar. Die „Zehn Gebote“ stecken gewissermaßen die Grenzen ab, innerhalb derer Leben in Freiheit erst möglich ist.

Eine *positive* Wegweisung bietet das Gebot der Nächstenliebe. Doch auch dieses muss erst auf konkrete Situationen angewandt werden. Generell kann man sagen: Wenn ich eine Situation mit den Augen des Glaubens betrachte und dann aus dem Geist der Liebe handle, erfülle ich Gottes Willen. Wenn Gott in seinem Wesen Liebe ist (vgl. 1. Johannesbrief 4,16), entspricht alles, was aus Liebe geschieht, seinem Willen – im Zweifelsfall das, was *mehr* Liebe verwirklicht.

> *Wir wollen einander lieben, denn die Liebe ist aus Gott, und jeder, der liebt, stammt von Gott und erkennt Gott. ... Gott ist die Liebe, und wer in der Liebe bleibt, bleibt in Gott, und Gott bleibt in ihm.* 1. Johannesbrief 4,7.16b

Durch Liebe frei

Schränkt das die Freiheit ein? Nur wenn man voraussetzt, dass die Liebe dem wahren Wesen des Menschen widerspricht! Wer aber käme schon auf eine derart absurde Idee... Das „Oberflächen-Ich" mag wenig zur Liebe geneigt sein. Im tiefsten Herzen jedoch *will* jeder Mensch lieben und geliebt werden; er will liebevoll und menschenfreundlich sein; er will Leben schützen und fördern, nicht zerstören. Wir spüren, dass wir damit in Einklang mit unserem Wesen stehen. Wir erfüllen den *Sinn* unserer Freiheit.
In den alltäglichen Lebenssituationen hilft jedenfalls die Frage: „was könnte hier der Wille Gottes sein?", zu mehr Klarheit. Allein sie zu stellen taucht die Situation in ein neues Licht. Nicht immer fällt die Antwort ganz eindeutig aus. Doch meist spürt man im Grunde des Herzens, was hier und jetzt gut und richtig wäre – vor Gott, und vor der Stimme der eigenen inneren Wahrheit. Diese Klarheit darf ich als Erleuchtung des Heiligen Geistes betrachten.

Zeit zum Verweilen und Nachdenken

➢ *Was war mir besonders wichtig – was will ich mir bewahren?*

Anregungen für das Gebet

- Ich bitte um mehr Aufmerksamkeit für Gottes Ruf an mich, und um mehr Bereitschaft, auf ihn zu hören.
- Ich bete um das Vertrauen, dass ein Leben nach Gottes Willen mich zu meiner wahren Lebenserfüllung führen wird.

Impuls für den Tag

In jeder Situation frage ich, was wohl hier „Gottes Wille", da heißt: sein Ruf an mich sein könnte.

➢ *Habe ich eine eigene Idee für diesen Tag?*

4. Woche – 4. Tag
Ein göttliches Abenteuer

Einstimmende Übung zur Sammlung: siehe S. 11-13

Zur Besinnung

Wohin soll mein Weg gehen?

Wie sieht es mit den größeren „Weichenstellungen“ im Leben aus: Wähle ich diese/n Partner/in? Ergreife ich jenen Beruf? Was ist meine „Berufung“? Lasse ich mich auf dieses Engagement, jenes Projekt, dieses Wagnis usw. ein? Wie verstehe ich hier „Gottes Willen“?
Zunächst: den Willen Gottes *für mich* muss ich selbst herausfinden! Kein Mensch darf hier über mich bestimmen. Niemand darf sich gleichsam des Willens Gottes für einen andern bemächtigen. Auch religiöse Autoritäten dürfen niemals Gehorsam fordern, ohne zuvor im Gespräch mit den Betroffenen geklärt zu haben, was beide Seiten als Gottes Willen erkennen und annehmen können.
Ich selbst muss meine Entscheidungen von allem läutern, das sie verfälschen könnte: Fühle ich mich lediglich verpflichtet, will aber eigentlich nicht? Erfülle ich nur die Erwartungen anderer oder meiner Umgebung? Folge ich anerzogenen Mustern? Nie darf ich gegen mein eigenes Wesen entscheiden. Das *kann* nicht Gottes Wille sein!

Was Gott in mich hineingelegt hat

Was ist das überhaupt: „mein wahres Wesen“? Woher kommt es? Letzten Endes ist es doch das, was Gott als mein Schöpfer in mich hineingelegt hat! Ich bin mit mir selbst beschenkt. Wird Gott sich selbst widersprechen? Darf ich nicht vielmehr davon ausgehen, dass der Ruf, den Gott im Lauf meines Lebens an mich richtet, in Einklang steht mit dem, was er in mich von Anfang an hineingelegt hat? Darin ist meine „Bestimmung“ enthalten. Wenn ich also für das geschaffen bin, wozu Gott mich ruft – darum erfülle ich meine Freiheit, indem ich Gottes Ruf folge! Diesen Ruf erkenne ich an einem inneren Ziehen und Drängen, das in eine bestimmte Richtung weist und mich nicht loslässt. Wenn ich ihm folge, entfalte ich mein wahres Wesen – und das spüre ich auch an dem inneren Einklang, den ich dann erfahre. „In jedem ist ein Bild / des, der er werden soll. / So lang er das nicht ist, / ist nicht sein Friede voll“, dichtet der Mystiker *Angelus Silesius*.

Heilsame Herausforderungen

Gottes Ruf darf herausfordern. Wir Menschen neigen zur Bequemlichkeit und bleiben leicht im „Oberflächen-Ich" hängen. Herausforderungen aktivieren das tiefere Wesen. Ohne sie würde ich niemals entdecken, was wirklich in mir steckt. Vielleicht fühle ich mich zunächst überfordert. Doch dann merke ich: Kräfte und Fähigkeiten wachsen mit der Aufgabe. Gottes Geist gibt die nötigen „Charismen", die „Geistesgaben". Ich wachse und werde mehr ich selbst. Der Weg mit Gott kann zu einem regelrechten Abenteuer werden. Ein lebendiges Wechselspiel zwischen Gott und mir entfaltet sich: Mit jedem inneren Impuls, jeder Aufgabe, jeder Situation, jeder Chance, jeder Begegnung, auch mit allem, was mir widerfährt, spielt Gott mir sozusagen „den Ball zu". Nun liegt es an mir, ob ich „den Ball annehme" und damit weiterspiele (ich könnte mich auch verweigern...). So entfaltet sich ein schöpferisches Geschehen. Ich bin mit allen meinen Kräften und in meiner Freiheit angesprochen, und ich gestalte das „Spiel" mit. Hierbei entfalte ich mich selbst und nähere mich jener „Zielgestalt" an, die mir Gott als mein innerstes Wesen ins Herz gelegt hat. Genau so geht christliche Selbstverwirklichung!

> *Da sagte Maria: Ich bin die Magd des Herrn; mir geschehe, wie du es gesagt hast.* Lukas-Evangelium 1,38

Zeit zum Verweilen und Nachdenken

➢ *Was war mir besonders wichtig – was will ich mir bewahren?*

Anregungen für das Gebet

Ich spiegele mein Leben im Gebet „Engel des Herrn":

- *Der Engel bringt Maria die Botschaft:* Entdecke ich eine „Botschaft", einen Ruf Gottes, der mir zur Verheißung und zur Herausforderung wird?
- *„Mir geschehe nach deinem Wort":* Kann ich Gott meine Bereitschaft erklären, mich auf ein neues Abenteuer mit ihm einzulassen?
- *„Das Wort ist Fleisch geworden":* Sehe ich schon, wie Gott in meinem Leben wirkt und etwas wachsen lässt?

Impuls für den Tag

Welchen „Ball" mag Gott mir heute zuspielen? Ich versuche ihn zu erkennen in den Chancen des Tages, in den Begegnungen, doch gerade auch angesichts schwieriger Situationen.

➢ *Habe ich eine eigene Idee für diesen Tag?*

4. Woche – 5. Tag
Befreiende Liebe

Einstimmende Übung zur Sammlung: siehe S. 11-13

Zur Besinnung

Mangel an Liebe

Warum hängen so viele Menschen derart an ihrem „Ego“ fest? Oft liegt es an einem *Mangel an Liebe!* Liebe zählt zu dem, was wir uns nicht selbst verschaffen können – und doch brauchen wir sie dringend. Glücklich, wer in seinem Leben mit Liebe beschenkt wurde: von den eigenen Eltern, von Freunden, vom Ehepartner... War das nicht der Fall, sucht das Ego nach einem Ausgleich: durch Erfolg, Leistung, Karriere, Geld, Macht, Prestige, sexuelle Abenteuer, Zerstreuungen... Oder es bettelt bei anderen um Liebe – und macht sich von ihnen abhängig. Eine spezielle Form von Unfreiheit, denn Liebe kann nur in Freiheit geschenkt werden.

Die tiefste Quelle

> *Wir haben die Liebe, die Gott zu uns hat, erkannt und gläubig angenommen. Gott ist die Liebe, und wer in der Liebe bleibt, bleibt in Gott, und Gott bleibt in ihm.*
>
> 1. Johannesbrief 4,16

Die tiefste Quelle der Liebe ist Gott selbst! Er liebt nicht nur uns Menschen als seine Geschöpfe, ja seine Kinder – er *ist* Liebe, das ist geradezu sein Wesen. Gottes Liebe zu begreifen kann einen Menschen radikal verändern. Da wird er frei von all den Abhängigkeiten seines Ego, frei von der Angst um sich selbst, frei von der Sucht nach Anerkennung... Er weiß nun: Der, auf den es *vor allem* ankommt, nämlich *Gott,* liebt mich – und zwar so, wie ich bin. Da falle ich nie heraus, auch nicht durch Versagen oder Schuld.
Dass einem Menschen die Liebe Gottes tief ins Herz fällt, ist nicht machbar. Es bleibt „Gnade“. Doch man kann danach suchen:
... indem man darum betet,
... indem man sich in der Stille dafür öffnet,
... indem man die Botschaft von Gottes Liebe an sich heranlässt.
Oft springt der Funke über, wenn jemand das Zeugnis eines andern hört, der selbst von Gottes Liebe berührt wurde und nun daraus lebt.

Auswirkungen

An Gottes Liebe zu glauben gibt meinem Leben eine positive Grundstimmung. Es hat Sinn, weil *Gott* es bejaht – auch dann, wenn der Augenschein dagegen spricht, und noch angesichts von Leiden, Enttäuschungen und Schicksalsschlägen. Ich darf aus einem grundlegenden *Vertrauen* leben, dass Gott mir stets nahe bleibt. Das nimmt mir die Angst um mich selbst. Nie kann ich tiefer fallen als in die Hand Gottes – und die hält mich.

Sagen andere „ja" zu mir? Sicher nicht immer. Gott jedoch sagt stets „ja" zu mir. Darum darf ich selbst „ja" zu mir sagen, mich selber *annehmen.* Es gibt keinen Grund, mich klein und hässlich zu fühlen, weil ich nicht so tüchtig oder erfolgreich bin, nicht so gut aussehe, nicht so charmant oder so sportlich bin wie manche andere. So wie ich bin, liebt mich Gott – und genau so kann er mich brauchen.

Gottes Liebe muss ich nicht durch Leistungen erwerben, auch nicht durch religiöse Leistungen. Gott hat mich von Anfang an geliebt, noch bevor ich überhaupt etwas hätte tun oder leisten können. Das nimmt viel Druck weg. Nun kann ich in Freiheit wachsen.

Was Gott in mich hineingelegt hat, will sich entfalten. Dafür werde ich alles tun – doch nicht, um mir Anerkennung damit zu erkaufen, sondern weil es ein kostbares Geschenk ist, das zu mir gehört. So gelange ich zu innerer Freiheit und zum Einklang mit mir selbst. Über Anerkennung freue ich mich, doch es bringt mich nicht aus dem Gleichgewicht, wenn ich sie nicht bekomme.

Zeit zum Verweilen und Nachdenken

- *Was war mir besonders wichtig – was will ich mir bewahren?*

Anregungen für das Gebet

- Ich halte Gott meine Sehnsucht nach Liebe hin. Ich bitte ihn, mein Herz zu füllen, damit ich frei von allen Abhängigkeiten werde.
- Vielleicht bin ich verwundet durch Enttäuschungen oder das Scheitern von Beziehungen, kann kaum mehr an die Liebe glauben. Gerade dies halte ich Gott hin, damit er mein Herz heilt und es für ihn öffnet.

Impuls für den Tag

Entdecke ich heute Zeichen der Liebe Gottes? Vielleicht in glücklichen Fügungen, schönen Erfahrungen, in der Zuwendung anderer...

Ich nehme diese Zeichen ernst. Sie stärken mein Vertrauen zu Gott.

- *Habe ich eine eigene Idee für diesen Tag?*

4. Woche – 6. Tag
Zur Liebe befreit

Einstimmende Übung zur Sammlung: siehe S. 11-13

Zur Besinnung

Bindung macht frei

Irgendwie spürt es jeder, und oft genug dürfen wir es auch erleben: Gerade in den liebevollen menschlichen Beziehungen finden wir das höchste Glück und die tiefste Sinnerfüllung für unser Dasein. Wenn ein Mensch sich selbst vergisst und einfach für einen andern lebt, wird er froh, und er weiß, wofür er auf der Welt ist. Obwohl er sich damit an den andern *bindet*, erlebt er sich – paradoxerweise – in höchstem Maße als *frei.* Selbstvergessene Hingabe – darin liegt offenbar der Gipfel unserer Freiheit!
Leicht fällt das nicht. Wir Menschen handeln, gerade wenn es um die Liebe geht, meist aus einem *Mangel* heraus: aus dem Bedürfnis nach Liebe. Darum stößt unsere Fähigkeit zu lieben schnell an Grenzen. Wer mir sympathisch ist, den kann ich leicht annehmen. Was aber ist mit den Unsympathischen oder denen, die mir „dumm kommen"? Gar noch die Feinde lieben? Sogar in den engsten Beziehungen setzen sich die Partner leicht gegenseitig mit allzu hohen Glücks- und Liebes-Erwartungen unter Druck, ohne es zu wollen, und wundern sich, warum es irgendwann zur Krise kommt. Liebe aber kann nur in Freiheit geschenkt und empfangen werden.

Von Gott zur Liebe befreit

Zur Liebe fähig wird, wer selbst Liebe empfangen hat. Da ist es nun gerade die Begegnung mit der Liebe *Gottes*, die zu einer *reifen* Liebe zu den Mitmenschen befreien kann! Mit einem Bild gesagt: Mein Herz gleicht einer ausgetrockneten Brunnenschale. Ich bin durstig nach Liebe und innerlich leer. Dann aber geschieht es, dass aus einer tieferen Quelle heraus die Liebe Gottes wie lebendiges Wasser in die Brunnenschale strömt. Zuerst darf ich *empfangen*, darf mich beschenken, heilen, buchstäblich davon „erfüllen" lassen. Schließlich, wenn die Schale voll geworden ist, fließt sie über – und wird selbst zur Quelle. Von Gottes Liebe erfüllt, kann ich weiterschenken, was ich zuvor empfangen habe. Und je mehr ich mich verschenke, desto mehr werde ich selbst wieder beschenkt – wie ein Brunnen, der *fließen* muss, sonst verstopft er sich selbst... Absichtslos schenken, und sich in Freiheit beschenken lassen: das ist das wahre Geheimnis der Liebe!

„Liebe – und tu, was du willst!"

So der heilige *Augustinus*. Ein gewagtes Wort! Es stimmt nur, wenn „Liebe" im Sinne der Fähigkeit zur Hingabe verstanden wird. Denn dann *will* ich nur noch das, was für andere gut ist. Ich will es aus tiefstem Herzen, weil mein Herz von Gottes Liebe gewandelt worden ist. Ich lebe für andere nicht aus einem Pflichtgefühl, oder weil dies das edelste moralische oder religiöse Gebot darstellt. Ich *will* so sein, aus einem von Liebe überströmenden Herzen. Ich „tue, was ich will", weil die Liebe mein „wahrer Wille" geworden ist; darin bin ich mit mir in Einklang. Weil eine solche Liebe nie etwas Böses will, kann *Paulus* sie „die Erfüllung des ganzen Gesetzes" nennen.

> *Alle Gebote sind in dem einen Satz zusammengefasst: Du sollst deinen Nächsten lieben wie dich selbst. Die Liebe tut dem Nächsten nichts Böses. Also ist die Liebe die Erfüllung des Gesetzes.* Römerbrief 13,9b-10

Wir werden diesem Ideal immer nur mehr oder weniger nahe kommen können. Doch darauf kommt es nicht an. Entscheidend ist, dass wir uns überhaupt davon bewegen lassen. Wir sollten uns nicht überfordern, denn so käme wieder Zwang und Druck hinein, und das lähmt. Schauen wir besser auf das, was schon gelingt: Jeder Funke Liebe zählt, denn er bringt Licht und Wärme in eine oft allzu dunkle und kalte Welt. Viel Gutes kommt zurück. Und jeder Erfolg ermutigt und lässt uns weiter in der Liebe wachsen.

Zeit zum Verweilen und Nachdenken

➢ *Was war mir besonders wichtig – was will ich mir bewahren?*

Anregungen für das Gebet

- Ich bitte Gott, meine Sehnsucht nach Liebe so zu wandeln, dass ich fähig werde, selbst zu lieben und mich an andere zu verschenken.
- Ich danke für Gelegenheiten, bei denen mir das schon gelungen ist.

Impuls für den Tag

Ohne mir Druck zu machen, achte ich auf Gelegenheiten zur Liebe. Verpassten Gelegenheiten trauere ich nicht nach, sondern wende mich sofort wieder der Gegenwart zu.

➢ *Habe ich eine eigene Idee für diesen Tag?*

4. WOCHE – 7. TAG
RÜCKBLICK AUF DIE WOCHE

Einstimmende Übung zur Sammlung: siehe S. 11-13

Ich rufe mir die Leitgedanken der Besinnungen in Erinnerung:

1. Tag: Ein Gott der Freiheit.
2. Tag: „Götzendienst".
3. Tag: Gottes Willen erfüllen?
4. Tag: Ein göttliches Abenteuer.
5. Tag: Befreiende Liebe. *Gottes Liebe und ihre Auswirkungen.*
6. Tag: Zur Liebe befreit. *„Liebe – und tu, was du willst!"*

Ich denke nach:

- Was hat mich besonders angesprochen oder berührt?
- Ist mir eine besondere Erfahrung zuteil geworden?
- Hat sich etwas in meinem Leben verändert?
- Konnte ich das Befreiende am christlichen Glauben mehr entdecken?
- Habe ich Wachstum in der Liebe erlebt?
- Was möchte ich mir bewahren?

Zeit zum Verweilen und Nachdenken

Anregungen für das Gebet

- Ich *danke* Gott für gute Erfahrungen, neue Einsichten, inneres Wachstum, positive Veränderungen in meinem Verhalten, mehr Freiheit...
- Ich *übergebe* Gott alles, was unbefriedigend verlaufen ist. Im Vertrauen auf seine Vergebung darf ich es loslassen.
- Ich *bitte* Gott um Segen für alles, was ich mir vorgenommen habe. Besonders bete ich darum, Gottes Ruf wahrnehmen und ihm vertrauensvoll folgen zu können, um in der Liebe zu wachsen.
- Vielleicht will ich noch in weiteren persönlichen Anliegen beten.

Impuls für den Tag

Was war das Wichtigste, das ich in dieser Woche für meine praktische Lebensgestaltung entdeckt habe? Das vertiefe ich heute noch einmal.

5. WOCHE:

FREI IN CHRISTUS

Einstimmendes Schriftwort

Ihr habt den alten Menschen mit seinen Taten abgelegt und seid zu einem neuen Menschen geworden, der nach dem Bild seines Schöpfers erneuert wird, um ihn zu erkennen. Wo das geschieht, gibt es nicht mehr Griechen oder Juden, Beschnittene oder Unbeschnittene, Fremde, Skythen, Sklaven oder Freie, sondern Christus ist alles und in allen.
Ihr seid von Gott geliebt, seid seine auserwählten Heiligen. Darum bekleidet euch mit aufrichtigem Erbarmen, mit Güte, Demut, Milde, Geduld! Ertragt euch gegenseitig, und vergebt einander, wenn einer dem andern etwas vorzuwerfen hat. Wie der Herr euch vergeben hat, so vergebt auch ihr! Vor allem aber liebt einander, denn die Liebe ist das Band, das alles zusammenhält und vollkommen macht.
In eurem Herzen herrsche der Friede Christi; dazu seid ihr berufen als Glieder des einen Leibes. Seid dankbar! Das Wort Christi wohne mit seinem ganzen Reichtum bei euch. Belehrt und ermahnt einander in aller Weisheit! Singt Gott in eurem Herzen Psalmen, Hymnen und Lieder, wie sie der Geist eingibt, denn ihr seid in Gottes Gnade. Alles, was ihr in Worten und Werken tut, geschehe im Namen Jesu, des Herrn. Durch ihn dankt Gott, dem Vater.

Kolosserbrief 3,9b-17

5. Woche – 1. Tag
Das Ende der Gesetzes-Religion

Einstimmende Übung zur Sammlung: siehe S. 11-13

Zur Besinnung

Gesetzes-Religion

Wenn *Paulus* von der „Freiheit in Christus" spricht, meint er vor allem die *Freiheit vom Gesetz*. Dabei will er keineswegs einer völligen Gesetzlosigkeit das Wort reden. Ihm geht es um Bedeutung und Stellenwert des Gesetzes innerhalb der Religion.

Für seine jüdischen Zeitgenossen, insbesondere die Richtung der Pharisäer, was das Gesetz zentral: Durch die Erfüllung der Gebote wurde der Mensch „gerecht", das heißt er kam vor Gott „in Ordnung" und durfte mit Gottes Segen rechnen. Dafür allerdings musste man die Gebote absolut streng und peinlich genau einhalten; der kleinste Verstoß war „Sünde". Um das „Gesetz des Mose", wie es in der Bibel steht, zog man noch einen „Zaun" aus zusätzlichen Vorschriften, damit man auch ja nichts falsch machen konnte.

Dagegen wandte sich schon *Jesus:* Er prüfte jedes Gesetz auf seinen inneren Sinn hin und setzte sich darüber hinweg, wenn seine strenge Anwendung nicht situations- oder menschengerecht gewesen wäre. Heuchelei kritisierte er scharf: Viele verstießen gegen die Gebote, und spielten sich dennoch als „Gerechte" auf. Und er kritisierte den Stolz derer, die es schafften, das Gesetz zu erfüllen, samt ihrer Gnadenlosigkeit gegen die Sünder – wie im Gleichnis vom „Pharisäer und Zöllner" (Lukas-Evangelium 18,9-14). Die strenge Gesetzes-Religion wäre nur etwas für eine winzige Elite, denn wenige nur (wenn überhaupt) können ihren hohen Ansprüchen genügen. Für Jesus rangiert Barmherzigkeit *vor* moralisch-religiöser Perfektion.[6)]

„Gnade vor Recht"

> *Alle haben gesündigt und die Herrlichkeit Gottes verloren. Ohne es verdient zu haben, werden sie gerecht, dank seiner Gnade, durch die Erlösung in Christus Jesus.* Römerbrief 3,23-25a

Paulus geht noch einen Schritt weiter: Das Gesetz kann den Menschen überhaupt nicht gerecht machen, weil jeder sowieso davor versagt – gleich ob Jude oder Nichtjude (das entfaltet er breit in den drei ersten Kapiteln des Römerbriefs). Das Gesetz deckt nur die Sünde auf, rettet aber niemanden, son-

dern verurteilt alle. Gott aber will nicht verurteilen. Deshalb beschreitet er in Jesus einen neuen Weg: In Jesu Tod wird ein „neuer Bund“ geschlossen und „durch sein Blut“ besiegelt. Hier ergeht „Gnade vor Recht“: Gott nimmt alle an, wie sündig sie auch sein mögen. Sie müssen nur an Jesu Erlösungstat und an Gottes Erbarmen *glauben*.
Zuerst kommt also die Erlösung, *dann* die Moral: Die Erfahrung, „aus Gnade gerecht gesprochen zu werden“, obwohl man es nicht verdient hat, *wandelt* das Herz des Menschen. Es wird empfänglich für den „Heiligen Geist“, das Wirken Gottes in uns. Gottes Liebe *befähigt* uns zur Liebe – und die ist *„die Erfüllung des Gesetzes“* (Römerbrief 13,10). All die jüdischen Speise-, Reinheits- und Kult-Vorschriften werden damit überflüssig. Allein die Liebe zählt. Wer liebt, erfüllt von selbst Gottes Willen. (Dass dies nicht automatisch eintrat, veranlasste später *Jakobus*, wieder die *Werke* zu betonen: nun allerdings als *Konsequenz* des Glaubens; vgl. Jakobusbrief 2,14-26.)

Aus der Gnade leben

Nur Probleme der Vergangenheit? Noch bis in die Gegenwart verlangte die katholische Kirche von ihren Gläubigen vor allem, die Gebote zu halten und so „Verdienste“ zu erwerben, um in den Himmel zu kommen. Das ist Gesetzes- und Leistungsreligion pur! Dass *vor* allen Forderungen die *geschenkte* Liebe und Gnade Gottes steht, spricht sich erst langsam herum. Wer allerdings davon berührt wird, macht eine Erfahrung neuer Freiheit: Jeder Druck, jede Sündenangst, jede Furcht vor Verurteilung verschwindet. Gottes Liebe erfüllt das Herz – und sie will weiterströmen. Niemand muss mich mehr zum Guten verpflichten; ich *will* es von innen heraus, weit über jede Pflicht hinaus. Darin erlebe ich mich als frei und erfüllt. Und wenn ich mich dennoch aus Schwachheit verfehle, darf ich immer neu auf Gottes Vergebung bauen.

Zeit zum Verweilen und Nachdenken

- *Was war mir besonders wichtig – was will ich mir bewahren?*

Anregungen für das Gebet

Finde ich Spuren einer Gesetzes- und Leistungs-Religion in mir? Gottes Liebe muss ich mir nicht erst verdienen. Sie wird mir geschenkt. Das lasse ich an mein Herz dringen – und nehme Gottes Gnade an.

Impuls für den Tag

Innerlich frei mit Geboten und Normen (auch den religiösen) umgehen.

- *Habe ich eine eigene Idee für diesen Tag?*

5. Woche – 2. Tag
Befreit vom Leistungsdenken

Einstimmende Übung zur Sammlung: *siehe S. 11-13*

Zur Besinnung

Wonach bemesse ich meinen eigenen Wert?

Allzu viele machen sich abhängig von der Meinung und den Urteilen anderer. Sie tun alles, um beachtet zu werden und vor anderen gut dazustehen. Manche betteln geradezu um Anerkennung. Wir Menschen sind soziale Wesen und brauchen einander; eine gewisse Abhängigkeit voneinander wird es also immer geben, und was andere von mir denken, kann mir nicht völlig gleichgültig sein. Doch wenn jede Ablehnung, jede Kritik, jeder schiefe Blick sofort meine Selbstachtung erschüttert – ist das nicht eine Form von Sklaverei?
Andere versuchen es mit *Leistung:* Wenn ich tüchtig bin, wenn ich mich unentbehrlich mache, werden die anderen mich achten und anerkennen. Dann bin ich jemand. Ich bin, was ich leiste. So geraten viele unter immer stärkeren Leistungsdruck – und in Angst, plötzlich nichts mehr wert zu sein, wenn sie eine geforderte Leistung nicht erbringen können. Viele Arbeitslose empfinden sich als wertlos, weil sie keine Möglichkeit mehr haben, etwas zu leisten. Auch dies: eine Form von Sklaverei!
Leistung spielt für unser Wirtschaftsleben eine bedeutende Rolle und hat gerade Deutschland eine herausragende Stellung in der Welt verschafft. „Lohn nach Leistung" ermöglicht die einigermaßen gerechte Entlohnung von Arbeit. Doch es ist beunruhigend, wenn Menschen ihren Wert – nicht nur für die Gesellschaft, sondern sogar in ihren eigenen Augen – *nur noch* nach ihren Leistungen bemessen und sich wertlos fühlen, sobald sie nichts leisten können. Eine Denkweise aus der Wirtschaft greift hier auf sämtliche Lebensbereiche über. So wird der Mensch zur Ware. Nur seine Arbeitskraft zählt noch.

Wo es nicht um Leistung gehen darf

Umsonst habt ihr empfangen, umsonst sollt ihr geben.

Matthäus-Evangelium 10,8b

Das Leistungsdenken hat seinen Platz im Wirtschaftsleben – *und dort muss man es lassen!* Überall, wo es um persönliche Beziehungen geht, ist es fehl am Platz. In der Ehe, unter Freunden, ja schon unter guten Nachbarn rechnet

man nicht Leistung oder Nutzen auf. Man ist einfach füreinander da, hilft „umsonst", und lässt sich auch einmal ohne Gegenleistung beschenken.
Vollends fehl am Platz ist Leistungsdenken in der Religion. Welche schlimme Verkehrung, dass man in der Vergangenheit meinte, „Verdienste erwerben" und sich den Himmel „verdienen" zu müssen! Religiöser Leistungsdruck vergiftet vielen bis heute ihren Glauben.

Würde von innen heraus – aus Gnade

Wer war ich, *bevor* ich: ein braves Kind wurde, ein guter Schüler, ein tüchtiger Mitarbeiter, ein erfolgreicher Geschäftsmann, ein verlässlicher Partner, ein treuer Freund, ein nützliches Mitglied der Gesellschaft...? Ein Geschöpf *Gottes*, ja sein Kind! Das bin ich *zuerst* und vor allem anderen – und *bleibe* es unabhängig davon, was andere Menschen von mir denken! Zur „Guten Nachricht" von Jesus gehört, dass Gott uns seine Liebe *schenkt* – *vor* aller Leistung. Wir brauchen sie uns nicht erst zu „verdienen". Das verleiht mir einen Wert und eine Würde, die *in mir* liegen, in meiner Person. Was ich im Wesen bin, *empfange* ich. Es ist reines Geschenk – es ist *„Gnade".*
Das macht mich unabhängig von der Anerkennung anderer, unabhängig auch davon, meinen Wert nach meinen Leistungen zu bestimmen. Für das religiöse Denken bedeutet das eine Revolution, ebenso für das gesellschaftliche: Ich werde frei von jedem Leistungsdruck. In dieser Freiheit tue ich, was ich vermag, doch ich akzeptiere auch meine Grenzen. Ich weiß, dass ich Wert und Würde als Mensch *in mir selbst* trage – weil *Gott* mich bejaht. Und wer alt, krank oder behindert ist, wer keine Arbeit hat, sogar wer nie im Leben etwas geleistet hat – er ist dennoch zuerst ein *Mensch,* in Gottes Augen wertvoll. Dann soll er es auch in meinen Augen sein!

Zeit zum Verweilen und Nachdenken

➢ *Was war mir besonders wichtig – was will ich mir bewahren?*

Anregungen für das Gebet

Von Gott bin ich geliebt und bejaht vor aller Leistung. Das lasse ich auf mich wirken. Spüre ich, wie es mich von Angst und Druck befreit? Ich danke Gott.

Impuls für den Tag

Wo drohe ich, zum „Sklaven" von Anerkennung und Leistung zu werden? Gelingt es mir, mich daraus zu befreien?

➢ *Habe ich eine eigene Idee für diesen Tag?*

5. WOCHE – 3. TAG
BEFREIT VON SCHULD

Einstimmende Übung zur Sammlung: siehe S. 11-13

Zur Besinnung

„Hast du mich noch lieb, wenn ich böse bin?"

So fragte ein Heimkind seine Erzieherin. Eine Grundfrage jedes Menschen steckt darin: Wer nimmt mich an, wer liebt mich noch, wenn ich versage, wenn ich mich schuldig mache – *wenn ich böse bin?*
Unsere Gesellschaft jedenfalls kann mit Schuld nur schlecht umgehen. Einerseits wird (auch mit Unterstützung vieler Psychologen und neuerdings einiger Hirnforscher) die Freiheit des Menschen und damit seine Schuldfähigkeit generell bestritten; wir seien nicht wirklich verantwortlich für das, was wir tun. Andererseits sucht man sofort nach Schuldigen und reagiert gnadenlos, wenn etwas schief gelaufen ist. Arbeitnehmer werden wegen Geringfügigkeiten abgemahnt oder gleich entlassen. Politiker müssen abtreten, zuweilen sogar, wenn nicht einmal sie selbst, sondern ihre Behörde oder ihre Mitarbeiter versagt haben.
Kein Wunder, dass Schuld verdrängt und verleugnet wird. Niemand will sein Versagen eingestehen. Wird es dennoch aufgedeckt, bedeutet es eine Katastrophe. Schuld scheint unverzeihlich zu sein.

Vergebung und Umkehr

> *Der Herr ist barmherzig und gnädig, langmütig und reich an Güte.* Psalm 103,8

Zum Kern der „Guten Nachricht" von Jesus gehört die Botschaft von Gottes Barmherzigkeit, sein Angebot, grenzenlos zu vergeben. Er sieht den Menschen realistisch und weiß um seine Schwächen, ja seine Bosheit. Niemals verharmlost er die Sünde, unmissverständlich ruft er zur Umkehr. Doch nicht, um irgendjemanden zu verurteilen. Ganz im Gegenteil: Jesus bringt das Kunststück fertig, ohne Unterton von Verurteilung Schuld beim Namen zu nennen, und zugleich dem Schuldigen begreiflich zu machen, dass Gott ihn immer noch liebt und nur darauf wartet, dass er – wie der „verlorene Sohn" – heimkehrt (vgl. Lukas-Evangelium 15,11-24).

Ehrlichkeit – Freiheit – Wachstum

Wer liebt mich noch, wenn ich böse bin? Aus *Gottes Liebe* falle ich nicht einmal durch die schlimmste Schuld heraus. Immer gibt es einen Weg zur Versöhnung, wenn ich nur mein Versagen einsehe, es bereue und um Vergebung bitte. Nichts gibt es, was Gott nicht verzeihen könnte.

Darum muss ich nichts verdrängen, nichts verleugnen. Ich kann ehrlich sein – vor mir und vor Gott – gerade da, wo es am schwersten fällt: wenn ich weiß, was ich alles falsch gemacht habe, und mich dessen schäme. Eben weil ich mit Verständnis und Barmherzigkeit rechnen darf, kann ich mich der Schuld stellen. Ich muss mich vor Gott auch nicht rechtfertigen – *er* „rechtfertigt" mich, indem er mich neu als sein Kind annimmt. „Sünder" bin und bleibe ich – und bin doch genau als solcher von Gott geliebt und bejaht.[7)]

Das schafft eine neue innere Freiheit: Ich brauche mich nicht an Schuldgefühlen aufzureiben; wichtig ist nur, sofort aufzustehen und an die Vergebung zu glauben. Ich muss nicht perfekt sein; Gott liebt mich gerade als unvollkommenen Menschen. Ich darf mich mitsamt meinen Fehlern und Grenzen annehmen – und auch mir selber verzeihen, was ich falsch gemacht habe. Ich kann handeln, auch wo ich nicht sicher bin, was richtig ist; die Angst vor Fehlern lähmt mich nicht mehr. Und ich kann die hohen Ideale des Evangeliums anstreben, ohne dass sie mich erdrücken; Schritt für Schritt, nach meinem Maß, gehe ich darauf zu. Viel inneres Wachstum wird so erst möglich.

Schuld und Versagen eingestehen ... um Vergebung bitten ... wieder gut zu machen, so weit möglich ... auch anderen verzeihen – gegenüber der „Gnadenlosigkeit" und den Perfektionsansprüchen unserer Gesellschaft wäre das eine befreiende Weise zu leben!

Zeit zum Verweilen und Nachdenken

➢ *Was war mir besonders wichtig – was will ich mir bewahren?*

Anregungen für das Gebet

- Ich danke Gott für seine grenzenlose Barmherzigkeit und Geduld mit mir.
- Wo ich mich schuldig fühle, bitte ich jetzt um Vergebung und nehme sie an – gerade da, wo ich mich besonders schäme.

Impuls für den Tag

Erlebe ich, dass Schuld verleugnet wird? Neige ich selber dazu? Kann ich mich zu mehr Ehrlichkeit und mehr Glauben an die Vergebung durchringen?

➢ *Habe ich eine eigene Idee für diesen Tag?*

5. WOCHE – 4. TAG
BEFREIT ZUR VERGEBUNG

Einstimmende Übung zur Sammlung: siehe S. 11-13

Zur Besinnung

Vergiftete Beziehungen

Kaum etwas belastet schlimmer als ein ernsthafter Konflikt mit einem Menschen, mit dem man eigentlich gut auskommen möchte. Es vergiftet unsere Beziehungen. Und doch verrennen sich manche ausweglos. Verfeindete Nachbarn machen sich das Leben zur Hölle. Ganz zu schweigen von Konflikten am Arbeitsplatz. Was führt heraus? Nur Vergebung und Versöhnung! Doch das ist leichter gesagt als getan. Selbst die Psychologie lässt uns da weitgehend im Stich; Versöhnung ist dort nur selten ein Thema. Spürt man, dass dies über menschliche Kunst hinausgeht? Dass es in erster Linie ein Thema der *Religion* ist?

> *Da trat Petrus zu ihm und fragte: Herr, wie oft muss ich meinem Bruder vergeben, wenn er sich gegen mich versündigt? Sieben Mal? Jesus sagte zu ihm: Nicht sieben Mal, sondern siebenundsiebzig Mal!* Matthäus-Evangelium 18,21-22

Für Jesus war Versöhnung ein Herzensanliegen. Weniges schärft er seinen Jüngern nachdrücklicher ein. Wenn Gott uns grenzenlos vergibt – wie können wir dann so gnadenlos miteinander umgehen? Doch wäre es gefährlich, daraus einfach nur eine christliche Verpflichtung zur Vergebung abzuleiten. Sie würde uns hoffnungslos überfordern. „Vergeben will ich, doch vergessen kann ich nicht", sagt mancher. Das zeigt: Eine innere Wunde schmerzt. Solange sie nicht heilt, *kann* man nicht verzeihen. Die Fähigkeit dazu aber ist viel eher ein Werk der Gnade Gottes als Ergebnis menschlichen Bemühens!
Das entlastet zunächst: Nicht *ich* muss verzeihen – ich brauche mich nur dem Wirken Gottes zu öffnen. Diesen ersten Schritt allerdings muss ich schon selbst tun: mich auf einen Weg „innerer Versöhnung" einzulassen.

Der Weg zur Versöhnung

Im nächsten Schritt erzähle ich Jesus den „Fall" so, wie ich ihn erlebe – einschließlich aller Gefühle des Grolls, der Wut, des Verletztseins, der Enttäuschung usw. Sie sind ja Teil des Konflikts! Indem ich dies alles Jesus sage,

gebe ich es an ihn weg. Langsam lerne ich loszulassen, und werde innerlich freier. „*Ver*-geben" beginnt mit dem „*Weg*-geben"!
Dann versuche ich, für den Menschen zu beten, mit dem ich in Konflikt stehe. Anfangs mag das schwer fallen. Vielleicht kann ich ehrlich zunächst nur darum beten, dass er einsieht, was er mir angetan hat. Doch sobald ich für jemanden bete, wandelt sich die Beziehung! Vielleicht lerne ich ihn besser verstehen. Vielleicht erkenne ich auch meinen eigenen Anteil am Konflikt. Ich begreife, wie sehr wir beide gefangen sind im Kreislauf von Schuld, Groll und Vergeltung, und dass wir beide Gottes Vergebung brauchen.
Jetzt vermag ich zu verzeihen, doch anfangs wohl nur unter gewissen Bedingungen: wenn der andere Einsicht zeigt ... wenn er mich um Vergebung bittet ... wenn er sein Verhalten ändert ... Schließlich aber reife ich zur *bedingungslosen* Vergebung. Das ist nicht machbar und planbar – es bleibt ein Gnadenwirken von Jesus. Darum kann ich nur beten. Irgendwann stelle ich fest: Mein Groll hat sich gelöst. Ich bin frei von Rachewünschen. Meine Gedanken kreisen nicht mehr ständig um den Konflikt. Ich kann in Frieden an den andern denken. Jetzt wünsche ich mir nur noch die Aussöhnung mit ihm.
Erst jetzt ist es gewöhnlich sinnvoll, auf den andern zuzugehen und Versöhnung anzubieten. Noch einmal muss ich einen Schritt tun: auf alles Beschuldigen verzichten und einfach nur wieder Frieden suchen. Sich verzeihen zu lassen scheint ebenso schwierig zu sein wie das Verzeihen selbst! Darum bestehe ich nicht auf einer Entschuldigung. So ist die Chance am größten, dass der andere darauf eingeht. Doch selbst wenn er das nicht tut: die *innere* Versöhnung ist mir immer möglich – und um meines eigenen Seelenfriedens willen sollte ich sie in jedem Fall anstreben! Vielleicht wird der Friede in mir irgendwann doch auf den andern übergehen.

Zeit zum Verweilen und Nachdenken

- *Was war mir besonders wichtig – was will ich mir bewahren?*

Anregungen für das Gebet

Gibt es jemanden, mit dem ich in Streit lebe? Ich bete für ihn, und suche wenigstens die ersten Schritte des Weges zur inneren Versöhnung zu gehen.

Impuls für den Tag

Begegnet mir jemand, mit dem ein Konflikt besteht, stelle ich mich meinen Gefühlen gegen ihn, öffne sie aber der versöhnenden Gnade von Jesus.

- *Habe ich eine eigene Idee für diesen Tag?*

5. Woche – 5. Tag
Ein Raum der Annahme und Freiheit

Einstimmende Übung zur Sammlung: siehe S. 11-13

Zur Besinnung

Gefährliche Ideale

Es ist nicht leicht, mit jemandem zusammen zu leben oder zu arbeiten, der hohe Ansprüche an sich und andere stellt. Selten kann man es recht machen – eine Quelle ständiger Konflikte. Dazu kommen oft noch Unterschiede im Charaktertyp: Was dem einen nichts ausmacht, regt den andern auf.
Wir Menschen sind nun einmal nicht perfekt. Ideale allzu hoch zu schrauben kann zur Katastrophe werden. „Der Traum von der idealen Ehe“, sagt etwa der Psychologe *Jürg Willi,* „führt meistens zum Tod der realen Ehe!“ Da hilft nichts: Wir müssen einen Weg finden, mit der menschlichen Unvollkommenheit, mit unseren Fehlern und Schwächen konstruktiv umzugehen.

Raum der Annahme und Vergebung

> *Seid barmherzig, wie es auch euer Vater ist. Richtet nicht, dann werdet auch ihr nicht gerichtet werden. Verurteilt nicht, dann werdet auch ihr nicht verurteilt werden. Erlasst einander die Schuld, dann wird auch euch die Schuld erlassen werden.*
>
> Lukas-Evangelium 6,36-37

Jesus weist einen solchen Weg: einander immer neu anzunehmen und zu verzeihen! Wichtiger als moralische oder religiöse Vollkommenheit war für ihn der Glaube an Gottes Barmherzigkeit und die Bereitschaft, sich gegenseitig zu vergeben. Hier versteht Jesus den Menschen jedenfalls besser als die Moralisten aller Zeiten: Mit strengen Gesetzen und moralischem Druck kann man Menschen vielleicht disziplinieren, doch kaum im Herzen besser machen. Nur Liebe und Vergebung schaffen eine Atmosphäre der Annahme und Freiheit. Dort darf ich mich so zeigen, wie ich wirklich bin, samt meinen Schwächen, und muss nichts verbergen. Dort werde ich von anderen ermutigt und nicht fertiggemacht. Dort ist menschliches und geistliches Wachstum von innen heraus möglich.
Wie tragisch, dass christliche Gemeinschaften allzu oft ihre Mitglieder unter einen unerträglich hohen Erwartungsdruck setzen! Wie tragisch, dass die Kirche insgesamt vor allem als Wächterin der Moral mit strengsten Maßstäben

gilt, statt als Raum der Vergebung! Hat man von Jesus nichts gelernt? Immerhin: *Papst Franziskus* schlägt hier neue Töne an

Versöhnung heilt Beziehungen

Habe ich es akzeptiert, dass weder ich noch die anderen vollkommen sind – und es auch nicht sein müssen? Kann ich also eine Entschuldigung annehmen und schnell verzeihen? Kann ich meinerseits zu Fehlern stehen und um Vergebung bitten, im Vertrauen auf die Barmherzigkeit der anderen?
So wächst eine „Kultur der Versöhnung". Sie schafft einen Raum der Freiheit, in dem wir sein dürfen, wie wir sind: unvollkommen trotz guten Willens; immer auf einem Weg des Wachstums; stets vor der Aufgabe, neu zu beginnen. Wir sind und bleiben „Anfänger"! Der „Anfänger-Geist" befreit von Druck und geht aufbauend mit den menschlichen Schwächen um. Wieder zusammenzufinden, nachdem es „gekracht" hat, kann eine Beziehung in eine Tiefe führen, die sie zuvor nicht hatte!

Ein „Pakt der Barmherzigkeit"

Will ich mit den Menschen, mit denen ich enger zu tun habe, die folgende Übereinkunft als „Pakt der Barmherzigkeit" schließen (s.a. Seite 112)?

- Wir lassen jedem andern sein Anderssein, und sagen „ja" dazu.
- Wir sind bereit, jeden Tag wieder neu miteinander zu beginnen.
- Was der andere sagt oder tut, legen wir positiv und nie negativ aus.
- Jeder Konflikt wird schnell zur Sprache gebracht und in einer fairen Weise bereinigt, so dass keiner sich dabei als Verlierer fühlen muss.
- Was einmal geklärt ist, wird dem andern nie mehr vorgehalten.

Zeit zum Verweilen und Nachdenken

➢ *Was war mir besonders wichtig – was will ich mir bewahren?*

Anregungen für das Gebet

In welchen meiner Beziehungen gibt es Schwierigkeiten? Ich bitte Gott um den Geist der Barmherzigkeit und Vergebung.
Ich bete auch für die anderen, mit denen ich es schwer habe. So wecke ich Wohlwollen und Bereitschaft zur Annahme in mir.

Impuls für den Tag

Was stört mich an anderen? Was stört mich an mir selber? Mit beidem suche ich verständnisvoll und barmherzig umzugehen.

➢ *Habe ich eine eigene Idee für diesen Tag?*

5. Woche – 6. Tag
Befreit von der Knechtschaft der Sünde

Einstimmende Übung zur Sammlung: siehe S. 11-13

Zur Besinnung

Zum Bösen verdammt?

Nach dem Zusammenbruch der kommunistischen Systeme in Osteuropa prophezeite der Politikwissenschaftler *Francis Fukuyama* das „Ende der Geschichte“: Alle Völker würden sich jetzt der Freiheit, Demokratie und Marktwirtschaft zuwenden. Für Kriege und Revolutionen gebe es dann keinen Grund mehr.[8)] Doch schnell brachen neue, ungeahnte Konflikte auf. Sind wir zum Krieg verdammt, obwohl alle sich nach Frieden sehnen?

> *Ich tue nicht das Gute, das ich will, sondern das Böse, das ich nicht will. Wenn ich aber das tue, was ich nicht will, dann bin nicht mehr ich es, der so handelt, sondern die in mir wohnende Sünde.* Römerbrief 7,19-20

Was *Paulus* da beschreibt, erlebt wohl jeder: Oft tun wir nicht, was wir „eigentlich“ für gut und richtig halten. Was treibt uns dazu? Paulus spricht von der „Herrschaft der Sünde“. Hier geht es nicht um einzelne Verfehlungen. „Die Sünde“ erscheint wie eine dunkle Macht, die jeden einzelnen Menschen ebenso wie die Menschheit im Ganzen beherrscht. Wir tun das Gute nicht, weil wir nicht frei sind zum Guten!

„Wer wird mich retten?“, fragt Paulus am Ende – und dankt Gott, der uns durch Jesus Christus aus dieser Sklaverei befreit (vgl. Römerbrief 7,24-25). Sobald wir „Diener Gottes“ sind, entrinnen wir der „Knechtschaft der Sünde“ – wenigstens ein Stück weit, denn ganz frei werden wir erst in der Ewigkeit.

Wie frei sind wir von der „Sünde“?

Betrachtet man die Weltgeschichte, gewinnt man wohl kaum den Eindruck wachsender Freiheit vom Bösen. Immer neu verstrickt sich die Menschheit in Konflikte, Machtgier, Unterdrückung, Ausbeutung... Wo politische Freiheit besteht, treten innere Unfreiheiten zutage. Gewiss hat das Christentum einiges Gute in die Welt getragen. Doch nicht einmal der Glaube an Christus blieb gefeit gegen Gewalt, „heilige Kriege“, Verfolgung anders Denkender, autoritäre Strukturen usw.

Mehr Spuren von Befreiung mögen wir im persönlichen Leben finden. Nichts verändert ja einen Menschen mehr als neue Beziehungen – wer sich z.B. verliebt, wird zuweilen ein ganz anderer Mensch dadurch. So ist es vor allem die persönliche Vertrauensbeziehung zu Jesus, die uns befreit: Wer zu ihr gefunden hat, wird freier von all den Abhängigkeiten und Anhänglichkeiten, in die wir so oft verstrickt sind. Er löst sich leichter aus den Fängen seines „Ego". Das ist nämlich am stärksten, wenn ein Mensch sich zu wenig geliebt fühlt. Dann sucht es Entschädigungen für mangelnde Liebe, etwa in Gestalt von Macht, Geld, Vergnügen, Angeberei usw. Wer sich von *Gott* geliebt weiß, braucht das alles nicht mehr; zumindest ist er nicht mehr so abhängig davon.
Jeder, der seinen Lebensweg mit Jesus geht, kennt die leise „innere Stimme des Heiligen Geistes". Gerade in verworrenen Situationen oder angesichts von Versuchungen spürt er genau: Dies soll ich tun ... jenes soll ich meiden ... darauf soll ich mich einlassen, auf etwas anderes dagegen nicht ... das soll ich sagen ... jetzt ist es besser, zu schweigen und zuzuhören... Der Heilige Geist geht weit über die „Stimme des Gewissens" hinaus, wie sie jeder Mensch kennt. Das Gewissen spricht oft sehr klar – und bleibt doch erschreckend machtlos gegen den Hang zum Bösen in uns. Gottes Geist erweist sich zugleich als innere Kraft, die uns *befähigt,* zu tun, was wir als richtig erkennen. Manchmal ist diese Klarheit und Kraft einfach da. Es gleicht wirklich der Befreiung aus einer Gefangenschaft. Nun *will* ich Gott dienen. Ich spüre, wie sehr mir das entspricht. Ich fühle mich frei darin.

Zeit zum Verweilen und Nachdenken

- *Was war mir besonders wichtig – was will ich mir bewahren?*

Anregungen für das Gebet

Wo hat mir mein Glaube mehr innere Freiheit von Abhängigkeiten und Anhänglichkeiten, von der Neigung zu Bequemlichkeit und Egoismus verliehen? Wo habe ich eine Kraft zum Guten, zur Liebe gespürt, die nicht aus mir selbst kam? Dafür danke ich.

Impuls für den Tag

Wo spüre ich einen inneren Zweispalt? Dort öffne ich mich der Kraft Gottes, die mich zum Guten befreit.
Erlebe ich, wie ich dann froh bin, zu tun, was mein tiefstes Herz will – trotz einer vielleicht mühsamen Entscheidung?

- *Habe ich eine eigene Idee für diesen Tag?*

5. Woche – 7. Tag
Rückblick auf die Woche

Einstimmende Übung zur Sammlung: siehe S. 11-13

Ich rufe mir die Leitgedanken der Besinnungen in Erinnerung:
1. Tag: Das Ende der Gesetzes-Religion.
2. Tag: Befreit vom Leistungsdenken.
3. Tag: Befreit von Schuld.
4. Tag: Befreit zur Vergebung.
5. Tag: Ein Raum der Annahme und Freiheit. *Der „Pakt der Barmherzigkeit".*
6. Tag: Befreit von der Knechtschaft der Sünde.

Ich denke nach:
- Was hat mich besonders angesprochen oder berührt?
- Ist mir eine besondere Erfahrung zuteil geworden?
- Hat sich etwas in meinem Leben verändert?
- Konnte ich zu einem neuen Umgang mit der menschlichen Fehlbarkeit, mit Schuld und Vergebung gelangen?
- Was möchte ich mir bewahren?

Zeit zum Verweilen und Nachdenken

Anregungen für das Gebet

- Ich *danke* Gott für gute Erfahrungen, neue Einsichten, inneres Wachstum, positive Veränderungen in meinem Verhalten, mehr Freiheit...
- Ich *übergebe* Gott alles, was unbefriedigend verlaufen ist. Im Vertrauen auf seine Vergebung darf ich es loslassen.
- Ich *bitte* Gott um Segen für alles, was ich mir vorgenommen habe. Besonders bete ich um mehr Vertrauen auf Gottes Barmherzigkeit, um die Fähigkeit zu verzeihen, um die befreiende Kraft des Heiligen Geistes.
- Vielleicht will ich noch in weiteren persönlichen Anliegen beten.

Impuls für den Tag

Was war das Wichtigste, das ich in dieser Woche für meine praktische Lebensgestaltung entdeckt habe? Das vertiefe ich heute noch einmal.

6. WOCHE / KARWOCHE:

HIN ZUR INNEREN FREIHEIT

Einstimmendes Schriftwort

Wisst ihr nicht, dass wir alle, die wir auf Christus Jesus getauft wurden, auf seinen Tod getauft worden sind?
Wir wurden mit ihm begraben durch die Taufe auf den Tod; und wie Christus durch die Herrlichkeit des Vaters von den Toten auferweckt wurde, so sollen auch wir als neue Menschen leben.
Wenn wir nämlich ihm gleich geworden sind in seinem Tod, dann werden wir mit ihm auch in seiner Auferstehung vereinigt sein.
Wir wissen doch: Unser alter Mensch wurde mitgekreuzigt, damit der von der Sünde beherrschte Leib vernichtet werde und wir nicht Sklaven der Sünde bleiben. Denn wer gestorben ist, der ist frei geworden von der Sünde. Sind wir nun mit Christus gestorben, so glauben wir, dass wir auch mit ihm leben werden.
Wir wissen, dass Christus, von den Toten auferweckt, nicht mehr stirbt; der Tod hat keine Macht mehr über ihn. Denn durch sein Sterben ist er ein für alle Mal gestorben für die Sünde, sein Leben aber lebt er für Gott.
So sollt auch ihr euch als Menschen begreifen, die für die Sünde tot sind, aber für Gott leben in Christus Jesus.

Römerbrief 6,3-11

6. Woche – 1. Tag / Palmsonntag
Befreit zum Dienen

Einstimmende Übung zur Sammlung: siehe S. 11-13

Zur Besinnung

Konkurrenz

Vom Klassenzimmer über den Sport bis in die Chefetagen der Industrie durchzieht das Konkurrenzdenken unsere Gesellschaft und gilt als Triebfeder der Wirtschaft. Jeder will der Erste, der Beste, der Größte, der Erfolgreichste sein. Doch wo es Erste gibt, gibt es zwangsläufig auch Zweite, Dritte ... und Letzte! Aufstieg erfolgt fast immer auf dem Rücken anderer, die man verdrängen muss. Ein Großteil der Konflikte unter Menschen rührt daher. Jeder meint: wenn ich ganz oben stehe, bin ich frei. Doch oft beherrscht das Streben nach Macht uns derart, dass wir darüber unfrei werden. Und wer schließlich „ganz oben" steht, nimmt meist anderen die Freiheit.

Am Palmsonntag wird uns jemand vor Augen geführt, der anscheinend über viel Macht verfügt: Alle jubeln Jesus zu; wie ein König zieht er in Jerusalem ein. Doch er selbst setzt ganz andere Zeichen: Er reitet einen bescheidenen Esel statt eines königlichen Pferdes. Sein Weg führt nicht auf einen Thron, sondern ans Kreuz. Seine „Herrschaft" beruht auf Liebe und freiwilliger Anerkennung, nicht auf Zwang und Gewalt. Niemandem nimmt er die Freiheit.

Ein verborgenes Erfolgsgeheimnis

> *Wer bei euch groß sein will, der soll euer Diener sein, und wer bei euch der Erste sein will, soll der Sklave aller sein. Denn auch der Menschensohn ist nicht gekommen, um sich dienen zu lassen, sondern um zu dienen und sein Leben hinzugeben als Lösegeld für viele.* Markus-Evangelium 10,43-45

Was Jesus da den Aposteln, die um die ersten Plätze streiten, ins Stammbuch schreibt, ist eine radikale Revolution: Das Herrschen selbst wird abgeschafft! „Dienen" heißt die neue „Spielregel" des Zusammenlebens. Auf den ersten Blick läuft das unserem Empfinden zuwider. Als „Diener aller" – werde ich da nicht ausgenutzt? Bin ich damit in der heutigen Gesellschaft nicht zur Erfolglosigkeit verdammt? Doch liegt auch eine Befreiung darin: Endlich stehe ich nicht mehr unter dem Druck, immer der Erste sein und das Höchste

leisten zu müssen. Vor Gott zählen nicht die äußeren Erfolge, sondern die Einstellung, mit der ich handle: der Geist der Liebe und des Dienens.
Das gibt dem unscheinbaren Leben vieler Menschen eine Würde: Die allein erziehende Mutter, die von ihren kleinen Kindern voll in Beschlag genommen wird; der Mann, der alle Kraft für Beruf und Familie braucht; die Krankenpflegerin, die ohne Aufhebens für ihre Mitmenschen da ist... sie haben alles getan, was Gott von ihnen erwartet, und sind groß in seinen Augen.
„Dienen“ bedeutet praktisch, stets zu fragen, was hier und jetzt den Menschen, mit denen ich zu tun habe, „dient“: „Wie kann ich anderen das Leben leichter und schöner machen?“ Diese einfache Frage bringt viele konkrete und schöpferische Ideen hervor, um die Qualität des Zusammenlebens zu verbessern. So sehr es ein Wagnis bedeutet für den, der damit anfängt – es liegt ein verborgenes Erfolgsgeheimnis darin: Es gibt keine „Reibungsverluste“ mehr durch Neid, Eifersucht, Intrigen, Rivalität... Es gibt keine Sieger und Besiegte mehr. Der neue Geist des Evangeliums lässt alle gewinnen.
Wer dient, nimmt sich selbst zurück und lässt den andern „herauskommen“. Auch das befreit: Wenn ich spüre, dass andere an mich denken und für mich da sind, brauche ich mich nicht mehr zu behaupten und um meine Interessen zu kämpfen. Ein neuer Stil des Zusammenlebens und -arbeitens wächst: Menschen, die als Konkurrenten gegeneinander standen, werden zum Geschenk füreinander. Das gilt sogar für Führungsrollen: „Autorität bedeutet für mich, als Erster zu lieben“, sagte Bischof *Klaus Hemmerle*.
Der Konkurrenzkampf spaltet die Menschen in Sieger und Verlierer und bringt sie gegeneinander auf. Er erzeugt so viel Stress, dass oft niemand mehr so richtig glücklich ist. Wo wir einfach absichtslos für unsere Mitmenschen da sind, erleben wir, wie Gutes daraus erwächst – und werden selber froh und zufrieden dabei. Denn glücklich wird, wer andere glücklich macht!

Zeit zum Verweilen und Nachdenken

- *Was war mir besonders wichtig – was will ich mir bewahren?*

Anregungen für das Gebet

Ich bitte um Befreiung: von heimlichem Machtwillen, von Neid und Konkurrenzdenken, von überzogenem Streben nach Erfolg.

Impuls für den Tag

Die Aufmerksamkeit schärfen für Gelegenheiten, durch kleine Dienste anderen das Leben leichter und schöner zu machen.

- *Habe ich eine eigene Idee für diesen Tag?*

6. WOCHE – 2. TAG
EIN BEFREITES HERZ

Einstimmende Übung zur Sammlung: siehe S. 11-13

Zur Besinnung

Seelische Verwundungen

Mit etwas gutem Willen können wir Menschen unser Verhalten ändern, nur schwer jedoch unser Herz. Es entzieht sich unserem Willen. Tief in uns lebt oft etwas Dunkles, Widersprüchliches. Wir mögen davor sogar erschrecken. Meist leiden wir darunter, denn „eigentlich", das heißt von unserem wahren Wesen her, wollen wir nicht so sein.
Ursache dieser Zerrissenheit sind oft Wunden, Enttäuschungen und belastende Erinnerungen aus unserer Lebensgeschichte. Wir verletzen andere, weil wir selbst verletzt worden sind. Da bräuchten wir eine „innere Heilung". Psychotherapien unternehmen das, mit mehr oder weniger Erfolg; doch wie weit vermögen sie das Herz des Menschen wirklich zu wandeln?

Die Verheißung des „neuen Herzens"

> *Ich schenke euch ein neues Herz und lege einen neuen Geist in euch. Ich nehme das Herz von Stein aus eurer Brust und gebe euch ein Herz von Fleisch. Ich lege meinen Geist in euch und bewirke, dass ihr meinen Gesetzen folgt und auf meine Gebote achtet und sie erfüllt.* Ezechiel 36,26-27

Diese Verheißung zählt zu den schönsten Zusagen der Bibel! Müsste ich mit einem solchen „neuen Herzen" nicht spontan, von innen heraus, das Gute tun können, weil ich es jetzt von ganzem, ungeteiltem Herzen *will?* Wäre ich dann nicht endlich frei, ganz „ich selbst" zu sein, und müsste nicht mehr fürchten, was an Dunklem in mir stecken mag?
Es gehört zu den schönsten Erfahrungen auf einem Glaubensweg, dass *Jesus* sich im Sinne des Wortes als unser „Heiland" erweist: als der, der die Wunden der Seele heilt und das Herz neu macht!

Der Weg zur inneren Heilung

Selbsterkenntnis und Gebet bilden die wichtigsten Schritte zu seelischer Heilung. Kann ich gut wahrnehmen, was mich belastet, hemmt, unsicher macht, ängstigt usw.? Das halte ich nun Jesus zur Heilung hin. Ich beschreibe es so, wie ich es empfinde, samt allen Gefühlen, die damit verbunden sind, mögen sie noch so verwirrend oder aufwühlend sein. Er schaut mich mit einem liebevollen Blick an, urteilt nicht, sondern nimmt mich, wie ich bin. So kann ich mich allem stellen, woran ich nicht gern rühre. An seine Liebe zu glauben ist schon der Anfang der Heilung!

Was ich als erstes wahrnehme, ist oft noch nicht der wahre Kern eines Problems. Ich muss den tieferen Wurzeln auf den Grund gehen: Was genau macht mir hier Angst? Erinnert mich das Problem an frühere Erlebnisse? Gibt es eine Schlüssel-Situation, wo es entstanden sein könnte? Finde ich Zusammenhänge mit meiner Erziehung oder anderen Einflüssen aus früherer Zeit? – Das kann seine Zeit dauern, und dabei kommen immer tiefere Schichten des Problems zum Vorschein. Erst wenn die wahren Ursachen aufgedeckt sind, wird Heilung von der Wurzel her möglich. Psychologische Kenntnisse bzw. Begleitung können hier hilfreich sein.

Dies alles schildere ich Jesus und vertraue es ihm an – wie einem guten Freund. Dabei kann ich mir vorstellen, dass er mich umarmt und tröstet. Indem ich mich an Jesus weggebe, komme ich von mir los. Ich kann und muss mich nicht selbst befreien. *Er* heilt mich. Dabei wachse ich auch über den Groll gegen andere hinaus, die für meine Probleme mit verantwortlich sind.

Die eigentliche Heilung geschieht im Gebet. Ich *empfange* sie – und stelle irgendwann fest: Diese Angst hat ihre Macht über mich verloren ... Mit jenem Menschen komme ich besser zurecht ... Eine bestimmte Erinnerung belastet mich nicht mehr ... Insgesamt fühle ich mich freier. Nichts hindert mich mehr, ich selbst zu sein! [9)]

Zeit zum Verweilen und Nachdenken

- *Was war mir besonders wichtig – was will ich mir bewahren?*

Anregungen für das Gebet

Wo erlebe ich mich als unheil und verhärtet (*„Herz von Stein“*)? Das übergebe ich Jesus zur Heilung.

Wohin geht meine Sehnsucht nach mehr Liebe, Freiheit und Lebendigkeit (*„Herz von Fleisch“*)? Hier bitte ich um ein neues Herz.

Impuls für den Tag

Ich achte darauf, wo das „Herz von Stein“ mich hemmt, und wo das „Herz von Fleisch“ sich rührt – und werde aufmerksam für den Unterschied.

- *Habe ich eine eigene Idee für diesen Tag?*

6. Woche – 3. Tag
Befreit von Angst

Einstimmende Übung zur Sammlung: siehe S. 11-13

Zur Besinnung

Mächtige Ängste

Angst ist oft der Schlüssel, menschliches Verhalten zu begreifen! Meist hat sie einen Sinn, denn sie warnt uns vor realen Gefahren. Doch gibt es auch tiefer sitzende, unvernünftig erscheinende Ängste, die in keinem Verhältnis zur wirklichen Bedrohung stehen. So haben manche Angst vor der ungewissen Zukunft, andere vor bestimmten Krankheiten. Angst vor bestimmten Dingen oder Situationen kann aus einem früheren erschreckenden Erlebnis herrühren. Allzu viele leiden unter „sozialen Ängsten“: vor fremden Menschen, vor unüberschaubaren Situationen, vor Auseinandersetzungen.... Sie verfügen über wenig Selbstbewusstsein und innere Sicherheit, weichen Konflikten aus und geben lieber nach. Angst lähmt.

Tiefer noch und in jedem Menschen steckt die „existenzielle Angst“: Unser Leben ist zerbrechlich; einmal müssen wir alle sterben. Auch wer das verdrängt, weiß unbewusst darum. Der nicht bewältigte Tod vergiftet das Leben.

Angst annehmen – und bewältigen

Von Angst beherrscht zu sein ist eine schlimme und weit verbreitete Form von Unfreiheit. Doch wie wird man frei davon? Ängste sind mächtig und entziehen sich der Kontrolle des Willens. Unterdrücken oder verleugnen sollte man sie daher nicht – oder gar meinen, als Glaubender dürfe man niemals Angst haben. Der erste Schritt, Angst zu überwinden, besteht darin, die eigene Angst *anzunehmen!*

Wovor habe ich Angst? In welchen Situationen steigt dieses eigenartig lähmende Gefühl in mir hoch? Bei welchen Gelegenheiten möchte ich am liebsten flüchten, bloß um weg zu sein? Körpersignale wie Schweißausbrüche, Zittern und Verspannungen weisen mich auf Ängste hin, die ich mir bisher vielleicht nicht eingestanden habe.

Kann ich vor mir selbst zugeben, dass ich Angst habe? Das ist gar nicht so einfach! Ich suche jetzt möglichst ehrlich mit mir zu sein.

Ängste sind schwer zu bekämpfen. Manche benötigen eine fachgerechte Therapie. Wer Angst wahrnimmt, kann versuchen, der mit Angst verbundenen Situation bewusst entgegenzutreten, statt wie sonst vor ihr zu fliehen. Mutig ist ja nicht, wer keine Angst kennt, sondern wer seine Angst überwindet... Gelingt das, ist es ein großer Sieg. Doch gerade wenn die Kraft dazu fehlt, gilt es, sich erneut mitsamt der eigenen Machtlosigkeit angesichts der Angst anzunehmen.

Mit Jesus durch die Angst gehen

> *Da ergriff ihn Angst und Traurigkeit, und er sagte: Meine Seele ist zu Tode betrübt. Bleibt hier und wacht mit mir. Und er ging ein Stück weiter, warf sich zu Boden und betete: Vater, wenn es möglich ist, gehe dieser Kelch an mir vorüber. Aber nicht wie ich will, sondern wie du willst.* Matthäus-Evangelium 26,37b-39

Mit meiner Angst darf ich zu *Jesus* gehen. Er wird mich verstehen, denn er selbst erlebte am Ölberg entsetzliche Todesangst. Er kennt unsere Ängste! Durch seine Angst hindurch aber hat er sich entschieden, den Willen Gottes anzunehmen.

Dies kann mir einen Weg weisen, mit meinen Ängsten umzugehen: Ich suche darauf zu vertrauen, dass ich in Gottes Hand bin. Was auch immer mir widerfährt – er trägt mich. Ich überlasse mich ihm.

Wer sich so von sich selber löst, wird viel Angst los. Auch wenn das nicht mit einem Schlag geschieht, verlieren die Ängste einiges von ihrer lähmenden Macht. Je öfter es mir gelingt, im Vertrauen auf Gott etwas zu wagen, und ich dann erlebe, wie er die Dinge zum Guten lenkt, desto mehr wachsen Mut und innere Sicherheit. Ich gewinne eine neue Freiheit.

Zeit zum Verweilen und Nachdenken

- *Was war mir besonders wichtig – was will ich mir bewahren?*

Anregungen für das Gebet

Einige meiner Ängste nenne ich jetzt beim Namen. Ich nehme sie an und schaue ihnen ins Auge. So vertraue ich mich Jesus an. Er kennt mich mit meiner Angst und Schwachheit. Er versteht mich, und genau *so* bejaht er mich. Dann bitte ich um mehr Lebensmut und Vertrauen.

Impuls für den Tag

Sensibel sein für aufkommende Angst; sie nicht verdrängen.
Gelingt es mir, einer Angst bewusst entgegenzutreten und sie zu besiegen?

- *Habe ich eine eigene Idee für diesen Tag?*

6. WOCHE – 4. TAG / GRÜNDONNERSTAG
DIE LETZTE FREIHEIT

Einstimmende Übung zur Sammlung: siehe S. 11-13

Zur Besinnung

Ein elendes Leben?

In seinem Roman „Die Elenden“ *(„Les Misérables“)* erzählt der Schriftsteller *Victor Hugo* die Lebensgeschichte des ehemaligen Häftlings *Jean Valjean.* Durch die Begegnung mit dem Bischof M. Myriel bekehrt er sich, denn dieser verzichtet nach einem Kirchendiebstahl auf eine Anzeige und gibt ihm eine zweite Chance. Valjean baut sich unter neuem Namen eine ehrliche Existenz auf und kümmert sich sogar um Notleidende. Die Nächstenliebe, die er durch den Bischof erfahren hatte, wird sein eigenes Lebensideal. Doch dann wird ein Unschuldiger mit dem untergetauchten Valjean verwechselt. Freiwillig stellt er sich und wird verhaftet. Bald kann er fliehen und taucht erneut unter. Dann gerät er in die Wirren der Pariser Unruhen von 1832. Er wird zu Unrecht verdächtigt und verfolgt, dennoch rettet er seinen Widersachern das Leben. Nach einem wechselvollen Leben stirbt er – trotz allem glücklich, weil er sich selbst und seinen Idealen treu geblieben war. In seiner letzten Stunde erkennen seine Pflegetochter und deren Mann, wer er wirklich gewesen war, und was er für sie getan hatte.

Ein freier und selbstbestimmter Mensch? Nicht nach gängigen Maßstäben. Gerade seine Ideale stürzen ihn immer wieder in Schwierigkeiten. Doch es ist die äußerste Möglichkeit menschlicher Freiheit, die eigenen Interessen zurückzustellen, ja sein Leben zu opfern um dessen willen, was größer ist als man selbst: Werte, Ideale, oder auch die Liebe zu einem Menschen. Es ist die letzte Freiheit. – In mancher Hinsicht ähnelt Valjean hierin *Jesus.* Auch er opferte sein Leben, um dem treu zu bleiben, was für ihn stets an erster Stelle stand: den Willen Gottes, seines Vaters, zu erfüllen.

Leben für das, was größer ist als ich selbst

> *Wenn das Weizenkorn nicht in die Erde fällt und stirbt, bleibt es allein; wenn es aber stirbt, bringt es reiche Frucht.*
>
> Johannes-Evangelium 12,24

Die Hingabe an ein Ideal, an etwas, das größer ist als ich selbst, stiftet Identität und Sinn – mehr als irgendetwas anderes! Da weiß ich, wer ich bin, wohin

ich gehöre, wofür es sich zu leben und zu sterben lohnt. Seltsam, wie wenig sinnvoll Menschen heute oft ihr Leben empfinden, wo Selbstverwirklichung hoch im Kurs steht, und man dabei meist zuerst an sich denkt. Dort, wo Menschen sich für etwas begeistern und ganz dafür leben, steht der Sinn des Lebens meist außer Frage!
Doch ist diese Fähigkeit zur Hingabe auch gefährdet! Warum schließen sich in unserer aufgeklärten Zeit Menschen extremistischen oder religiös-fundamentalistischen Strömungen an – wider alle Vernunft? Hatten sie anders keine Identität, kein wirklich großes Ziel gefunden, und dort wird es ihnen nun angeboten? „Wacht darüber, dass eure Herzen nicht leer sind, wenn mit der Leere eurer Herzen gerechnet wird!", warnt *Günter Eich*. Genau mit dieser Leere rechnen extremistische Verführer – und Menschen verfallen ihnen.

„Für" oder „gegen"?

Es bedarf also einer *Unterscheidung!* Schauen wir noch einmal auf Jesus: Er gibt sein Leben – und in seiner Nachfolge setzen Unzählige ihre ganze Kraft für den Glauben ein, manche gleichfalls bis zum Opfer ihres Lebens. Was unterscheidet sie etwa von einem religiös motivierten Selbstmordattentäter? Nicht ihre Radikalität und Bereitschaft zur Hingabe, nicht das religiöse Motiv. Und doch liegt es auf der Hand: Sie alle haben niemals *gegen* jemanden oder etwas gearbeitet oder gekämpft, stets *für* etwas! Darum haben sie aufgebaut und nicht zerstört. Sie haben Leben gefördert, nicht vernichtet. Der christliche Märtyrer vergießt eher sein eigenes Blut als das anderer...
Das Leben und die Menschen unbedingt zu bejahen und zu achten – das heißt „Liebe"! So demonstriert es auch die Lebensgeschichte von Jean Valjean: Wer für die Liebe lebt, mag selbst viel Leid erfahren, wird aber zum Segen für andere. Sie allein führt in die letzte Freiheit.

Zeit zum Verweilen und Nachdenken

- *Was war mir besonders wichtig – was will ich mir bewahren?*

Anregungen für das Gebet

Wofür lebe ich? Was ist mein Ideal? Der Glaube? Wie viel bin ich bereit, dafür einzusetzen? – Ich bete um die Fähigkeit zur Hingabe.

Impuls für den Tag

Für oder *gegen* etwas bzw. jemanden? Ich beobachte mein eigenes Handeln, und suche zu unterscheiden.

- *Habe ich eine eigene Idee für diesen Tag?*

6. Woche – 5. Tag / Karfreitag
Frei noch im Leiden

Einstimmende Übung zur Sammlung: siehe S. 11-13

Zur Besinnung

Dunkle Fragen

Kaum etwas beschränkt unsere Freiheit so drastisch wie die verschiedenen Formen des *Leidens:* körperliche und (meist schlimmer) seelische Krankheit oder Behinderung, Verlust, Enttäuschung, seelische Verletzungen... – schließlich die Erfahrung äußerer Gewalteinwirkung.
Wenn man dem wenigstens einen Sinn abgewinnen könnte! Zuweilen gelingt es: Wer sich nicht passiv in sein Schicksal ergibt, sondern es aktiv bewältigt und „trotzdem Ja zum Leben sagt" *(Viktor Frankl)*, erlebt, wie er dadurch als Mensch wächst und reift. Man kann Leiden bekämpfen, kann anderen beistehen. Gemeinsam getragenes Leid schweißt Menschen zusammen.
Doch manchmal erleben wir Leiden nur noch als sinnlose Zerstörung unserer Lebensmöglichkeiten. Selbst Glaubende können daran zerbrechen.

Sieg des Geistes

Die letzten Lebensjahre von *Papst Johannes Paul II.* haben viele Menschen stark beeindruckt: Krankheit, Alter und wachsende Gebrechlichkeit verbarg er nicht vor der Öffentlichkeit, sondern bekannte sich dazu. Noch kurz vor seinem Tod erteilte er den österlichen Segen, obwohl er kaum noch ein Wort herausbrachte. Seine letzte Botschaft lautete: „Seid froh! Ich bin es auch!"
Selten hat jemand so augenfällig die Freiheit des Geistes gegenüber der Gebrechlichkeit und Begrenztheit der menschlichen Natur demonstriert. Vor allem hat er mit seiner eigenen Existenz den Glauben bezeugt, dass Schwachheit, Leiden und Sterben nicht nur eine menschliche Würde besitzen, sondern vom christlichen Glauben her geradezu „geheiligt" sind. Sie stellen nicht einfach die dunkle Seite des Lebens dar, die man eben ertragen muss, sondern gewinnen eine eigene positive Bedeutung *in der Kraft des Kreuzes.*

> *Er entäußerte sich und wurde wie ein Sklave und den Menschen gleich. Sein Leben war das eines Menschen; er erniedrigte sich und war gehorsam bis zum Tod, bis zum Tod am Kreuz.*
>
> Philipperbrief 2,7-8

Gott nimmt teil an unserem Leiden

Am Karfreitag sehen wir, wie die Finsternis der Welt gleich einer dunklen Woge über Jesus zusammenschlägt: Verraten, ungerecht verurteilt, gefoltert, entehrt stirbt er am Kreuz, von Gott und den Menschen verlassen. Was immer Menschen erleiden, verdichtet sich in seinem Tod.

Hier geraten wir vor eine *Entscheidung:*

Entweder ist dies ein weiterer Sieg des Bösen, ein weiterer Beweis dafür, wie sinnlos das Leben und wie vergeblich jeder Einsatz für das Gute ist.

Oder wir glauben daran, dass *Gott selbst* hier eintaucht in allen Schrecken der Welt. Kann das Menschenleben sinnlos sein, wenn Gott bis zum Äußersten daran teilnimmt? Dann verleiht der Tod von Jesus jedem Leiden eine Würde, jedem Sterben eine Hoffnung, noch dem gescheiterten Einsatz eine Bedeutung.

Dies ist eine Entscheidung des Glaubens – und der Freiheit!

Kreuzes-Nachfolge

Christliche Leidensbewältigung meint mehr als bloße Schicksals-Ergebenheit. „Gottes Willen annehmen und sein Kreuz tragen" gibt vielen Halt, indem sie sagen können: Wenn Gott das zulässt, muss es einen Sinn haben, auch wenn ich diesen Sinn jetzt nicht sehen kann; ich glaube einfach daran. Vor allem aber bedeutet „Kreuzesnachfolge" die tiefste Gemeinschaft mit Jesus, indem ich sein Leiden mitempfinde, und er meinen Schmerz teilt und mitträgt. Nicht nur ich trage das Kreuz – das Kreuz trägt auch mich!

Menschen, die Krankheit, Schicksalsschläge und Tod im Glauben bewältigen, gewinnen oft eine erstaunliche geistliche Ausstrahlung. Statt Trost zu brauchen, trösten sie andere. Aus der Leidensgemeinschaft mit Jesus wächst ihnen eine innere Stärke zu – und eine Freiheit noch an den äußersten Grenzen des Menschlichen.

Zeit zum Verweilen und Nachdenken

➢ *Was war mir besonders wichtig – was will ich mir bewahren?*

Anregungen für das Gebet

- Ich bete für Menschen, die leiden – und suche Wege, ihnen beizustehen.
- Durchlebe ich selbst dunkle Stunden? Ich bitte Jesus um Kraft und Trost.

Impuls für den Tag

Kann ich in schwierigen Situationen aus der Kraft des Kreuzes schöpfen?

➢ *Habe ich eine eigene Idee für diesen Tag?*

6. Woche – 6. Tag / Karsamstag
Befreit von Einsamkeit

Einstimmende Übung zur Sammlung: siehe S. 11-13

Zur Besinnung

Frei – aber einsam

Je freier wir werden, desto einsamer fühlen wir uns anscheinend! Gehört Einsamkeit zum Preis der Freiheit? In geschlosseneren Gesellschaften ist der Einzelne weniger frei, doch zugleich mehr in ein Geflecht von Beziehungen eingebunden, und daher seltener einsam. Sehnen sich darum manche wieder nach klaren Ordnungen und nach einer einfacheren Welt; sind sie darum anfällig für neue totalitäre Ideologien? Freiheit erfordert es, auch einmal allein stehen zu können!

Im Innersten des Menschen gibt es eine Einsamkeit, die von unserem Menschsein selbst herrührt: Jede/r von uns ist ein Individuum, nur mit sich selbst identisch, unterschieden und darum getrennt von allen anderen. Diese „existenzielle Einsamkeit" lässt sich auch durch die intensivsten menschlichen Begegnungen der Freundschaft oder Liebe nur zeitweise überwinden. Gerade in unseren engsten Beziehungen müssen wir lernen, mit dieser Einsamkeit zu leben, sie dem andern nicht zum Vorwurf zu machen, und einander als je eigenständige Individuen zu achten.

Was füllt unser tiefstes Herz, mehr noch als jede menschliche Liebe? Unsere Sehnsucht geht über alles hinaus, was diese Welt zu bieten hat. Wenn überhaupt, kann nur *Gott* diese grenzenlose Sehnsucht stillen.

In Gott geborgen

> *Die Stunde kommt, und sie ist schon da, in der ihr versprengt werdet, jeder in sein Haus, und mich werdet ihr allein lassen. Aber ich bin nicht allein, denn der Vater ist bei mir.*
>
> Johannes-Evangelium 16,32

Jesus war offenbar ein Mensch, der allein stehen und Widerspruch, ja Enttäuschung und Verrat sogar seitens seiner engsten Vertrauten ertragen konnte. Warum? Weil er ganz eins war mit Gott, seinem „Vater im Himmel"! Hier fand er seinen letzten Halt. Das machte ihn unabhängig von menschlichen Bedürfnissen nach Zugehörigkeit, Anerkennung, Liebe...

Niemand von uns ist so eins mit Gott wie Jesus. Dennoch gibt es auch für uns einen Weg, mit Gott allein zu sein, und die Geborgenheit in ihm zu erfahren: Im Innersten jedes Menschen gibt es einen geschützten, geradezu „heiligen“ Raum, das innerste Selbst, in das ich mich zurückziehen kann, gerade wenn alle gegen mich stehen oder Einsamkeit mich überfällt. Hier bin ich zunächst allein mit mir selbst, und daher durch nichts mehr angreifbar. Zugleich spüre ich: Hier bin ich Gott nahe. Mein tiefstes Herz weiß um seinen Schöpfer, es liebt ihn und möchte sich in ihm bergen. Manchmal wird es dann zur *Erfahrung,* dass ich Gottes Liebe und Nähe wirklich spüren darf, in seine Liebe geradezu eingehüllt bin wie in einen bergenden und schützenden Mantel. Allerdings bleibt diese Erfahrung ein unverfügbares Geschenk – erzwingen kann ich sie nicht.
Dies ist vor allem die Erfahrung der *Mystiker* (im Christentum, aber auch in anderen Religionen): Im Innersten des Menschen, in seinem „Seelengrund“, gibt es einen Berührungspunkt für Gott. Da spüren wir, dass wir nie allein sind. Wie für Jesus, ist Gott der „gute Vater“ auch für mich. Er füllt die innerste Leere und Einsamkeit in meinem Herzen aus.
Nicht allzu oft wird dies direkt zur Erfahrung. Doch wir können daraus leben. Auch wenn ich es nicht immer spüre – ich weiß, dass ich von Gott geliebt und bei ihm geborgen bin. Die Einsamkeit, die ich oft schmerzlich empfinde, ist davon noch einmal umfangen. Das verleiht mir zugleich die innere Freiheit, allein stehen zu können, wenn andere mich im Stich lassen, oder wenn ich wegen meiner Überzeugungen Widerspruch erfahre. Jetzt muss ich nicht um Anerkennung und Zustimmung buhlen, muss nicht meine Überzeugungen verraten, um irgendwo dazuzugehören. Denn *Gott* liebt mich. Darauf allein kommt es an.

Zeit zum Verweilen und Nachdenken

- *Was war mir besonders wichtig – was will ich mir bewahren?*

Anregungen für das Gebet

Ich kehre ein in mein innerstes Herz. Dort halte ich Gott all meine Einsamkeit hin. Ich verweile in der Stille und warte auf das Geschenk, Gottes Nähe und Liebe erfahren zu dürfen. Sie füllt mein Herz.

Impuls für den Tag

Fühle ich mich allein? Ich verwurzele mich in der Geborgenheit bei Gott. Spüre ich, wie mich das freier macht?

- *Habe ich eine eigene Idee für diesen Tag?*

6. Woche – 7. Tag / Ostersonntag
Befreit von der Tyrannei des Todes

Einstimmende Übung zur Sammlung: siehe S. 11-13

Zur Besinnung

Letzte Gelegenheit zu leben?

Noch nie, so meinen manche, habe der Mensch so kurz gelebt wie heute – obwohl wir doch immer älter werden! Denn die meisten glauben nicht mehr an ein ewiges Leben. Und im Vergleich dazu erscheint das irdische Leben, wie lange es auch dauern mag, immer zu kurz...
Viele lassen sich dadurch in eine enorme Hektik hineintreiben, in einen Zwang, das Leben „auszuquetschen" und alles mitzunehmen, um nur ja nichts von dem zu versäumen, was es zu bieten hat. Man empfindet dieses Leben als „letzte Gelegenheit zu leben", die man um jeden Preis nutzen muss; danach ist ja alles aus.[10)] Diese Angst und Hektik (in der Freizeit noch mehr als bei der Arbeit) sind tödlich gefährlich. Menschen ruinieren sich damit: zuerst ihren Geldbeutel, dann ihre Gesundheit, schließlich ihre Seele... Eine Sklaverei ganz eigener Art!
Dass unser Leben vergänglich ist, verleiht ihm Ernst und Dringlichkeit: Ich kann nicht alles beliebig aufschieben. Heute und jeden Tag muss ich etwas aus meinem Leben machen, sonst ist es unwiederbringlich vorbei. Das Wissen um die eigene Endlichkeit gehört zu unserem Menschsein. Fast möchte man sagen: es macht uns erst zu Menschen. Doch es stellt auch den Sinn des Lebens grundlegend in Frage: Wenn ich doch einmal sterbe und nicht mehr da bin, wenn alles wieder vergeht, was ich geschaffen habe, irgendwann sogar die Erinnerung daran – wozu überhaupt noch etwas schaffen?
Das Wissen um den Tod kann motivieren, es kann in besinnungslose Lebensgier treiben, es kann auch lähmen. Der Tod bleibt der letzte, unbesiegbare Tyrann, der uns knechtet – die letzte Grenze unserer Freiheit.

Sieg über den Tod

> *Verschlungen ist der Tod vom Sieg! Tod, wo ist dein Sieg? Tod, wo ist dein Stachel?* 1. Korintherbrief 15,54b-55

An Ostern feiern wir die Auferstehung von Jesus. Das Unglaubliche, Unwahrscheinliche ist geschehen: Einer hat Tod und Grab überwunden und lebt für immer! Der Tod ist besiegt. *„Ich lebe, und auch ihr werdet leben"*, ruft uns Je-

sus zu (vgl. Johannes-Evangelium 14,19). Er gibt auch uns Anteil an seinem Leben: Wir werden mit ihm auferstehen.
In gewissem Sinn *bin* ich bereits mit ihm auferstanden: Der Tod überschattet nicht länger das Leben. Als Glaubender stehe ich bereits „jenseits der Grenze“; ein neues Leben hat begonnen, das der Tod mir nicht mehr rauben kann. Tod und Vergänglichkeit brauche ich daher weder zu fürchten noch zu verdrängen. Welche Freiheit! Ich kann das Leben lieben und ernst nehmen, ich suche ihm einen Inhalt zu geben, denn alles, was ich tue, wird in der Ewigkeit seine Vollendung finden. Doch brauche ich mich nicht von der Angst, zu wenig vom Leben zu haben, in eine hektische Lebensgier treiben zu lassen. Dieses Leben ist nicht „die letzte Gelegenheit“, denn eine ganze Ewigkeit wartet ja auf mich.

Freiheit dem Tod gegenüber

Kritiker der Religion wenden gegen den Glauben an die Auferstehung ein: Das sind nur Illusionen, weil der Mensch es nicht erträgt, dass er sterben und vergehen muss. Wann also glaube ich *wirklich* an ein ewiges Leben, nicht bloß aus Angst vor dem Tod? Die Antwort mag überraschen: Wenn ich jegliche Angst um mich selbst verloren habe; wenn ich mich *verschenken* und für andere einsetzen kann, ohne etwas für mich zu wollen; wenn ich bereit bin, mein Leben zu geben – wenn ich also tatsächlich „jenseits der Grenze“ zu leben vermag! Ob ich das wirklich kann, weiß ich erst, wenn ich tatsächlich einmal so total gefordert bin. Im Kleinen erweist es sich allerdings täglich, mit jeder selbstlosen Tat der Liebe.
„Bleibt hier, ihr Toten! Ich gehe zu den Lebendigen!“, rief ein christlicher Märtyrer dem Hinrichtungskommando zu. Was für eine Freiheit – sogar dem Tod gegenüber!

Zeit zum Verweilen und Nachdenken

- *Was war mir besonders wichtig – was will ich mir bewahren?*

Anregungen für das Gebet

Ich erbitte von Jesus einen tiefen Glauben an das ewige Leben und die innere Freiheit gegenüber dem Tod.

Impuls für den Tag

Mit „österlichem Blick“ gehe ich durchs Leben. Ich bejahe es – ohne Zwang, es „ausquetschen“ zu müssen. Denn ein Leben ohne Grenze wartet auf mich.

- *Habe ich eine eigene Idee für diesen Tag?*

LETZTER TAG
RÜCKBLICK AUF KARWOCHE UND OSTERN

Einstimmende Übung zur Sammlung: siehe S. 11-13

Ich rufe mir die Leitgedanken der Besinnungen in Erinnerung:

1. Tag: Befreit zum Dienen – befreit vom Machtstreben. *(Palmsonntag)*
2. Tag: Ein befreites Herz. *Innere Heilung.*
3. Tag: Befreit von Angst.
4. Tag: Die letzte Freiheit. *Befreit zur Hingabe. (Gründonnerstag)*
5. Tag: Frei noch im Leiden. *(Karfreitag)*
6. Tag: Befreit von Einsamkeit. *(Karsamstag)*
7. Tag: Befreit von der Tyrannei des Todes. *(Ostern)*

Ich denke nach:

- Was hat mich besonders angesprochen oder berührt?
- Ist mir eine besondere Erfahrung zuteil geworden?
- Hat sich etwas in meinem Leben verändert?
- Welche weiteren befreienden Aspekte des christlichen Glaubens habe ich für mich entdeckt?
- Was möchte ich mir bewahren?

Zeit zum Verweilen und Nachdenken

Anregungen für das Gebet

- Ich *danke* Gott für gute Erfahrungen, neue Einsichten, inneres Wachstum, positive Veränderungen in meinem Verhalten, mehr Freiheit...
- Ich *übergebe* Gott alles, was unbefriedigend verlaufen ist. Im Vertrauen auf seine Vergebung darf ich es loslassen.
- Ich *bitte* Gott um Segen für alles, was ich mir vorgenommen habe. Besonders bete ich darum, die heilende und befreiende Kraft des Glaubens an Jesus Christus immer tiefer erfahren zu können.
- Vielleicht will ich noch in weiteren persönlichen Anliegen beten.

Impuls für den Tag

Was war das Wichtigste, das ich in dieser Woche für meine praktische Lebensgestaltung entdeckt habe? Das vertiefe ich heute noch einmal.

ÜBUNGEN, UM MEHR FREIHEIT ZU GEWINNEN

Die folgenden Übungen können helfen, Einschränkungen der Freiheit, insbesondere solche, die aus dem eigenen Inneren, aus der Persönlichkeitsstruktur, oder aus Belastungen und Verwundungen der Lebensgeschichte stammen, wahrzunehmen und sich damit auseinanderzusetzen. Dadurch erweitert sich der Spielraum für den Gebrauch der eigenen Freiheit. Zum Teil haben die Übungen einen gewissen therapeutischen Charakter.
Die ersten beiden Übungen schließen sich an die *Meditation* an. Normalerweise sollte Meditation ein möglichst zweckfreies Suchen nach der inneren Stille sein. Doch lässt sie sich auch einmal gezielt einsetzen, um mehr Selbsterkenntnis zu gewinnen, oder um schöpferische Kräfte anzuregen.

Meditativ-therapeutische Übung

Eine Erfahrung, die jeder beim Meditieren macht: Es können alle möglichen Dinge „hochkommen", die sonst zugedeckt waren; manches davon bedarf einer sorgfältigeren Bearbeitung. Statt es als Störung zu behandeln und wegzuschieben, kann man es auch gezielt überdenken und dabei viel über sich selbst erfahren. Immerhin stellt das „freie Assoziieren" eines der psychoanalytischen Therapieverfahren dar! Es ist ein Weg, den verborgenen Tiefenschichten der Seele näherzukommen.

1. Schritt: stille Meditation

In einem ersten Schritt suche ich die Stille nach derjenigen meditativen Methode, die mir vertraut ist. Ich lasse dabei einfach Gedanken, Erinnerungen, Bilder und Gefühle aufsteigen, ohne sie zu beeinflussen. Manchmal wird es sinnvoll sein, sofort etwas aufzuschreiben (Notizblock und Schreibzeug in Reichweite legen!).

2. Schritt: Reflexion

In einem zweiten Schritt überdenke ich das, was da hochgekommen war:

- Darunter mögen zunächst einfach interessante Dinge sein, die meine Gedanken auf sich gezogen haben. Dies kann mir Aufschluss darüber geben, was mich spontan interessiert, vielleicht auch auf übertriebene Anhänglichkeiten und Abhängigkeiten hinweisen.

- Vielleicht habe ich mich Phantasien hingegeben. Welche Rolle habe ich selbst in ihnen gespielt? Ich gewinne hier Aufschluss über mein geheimes Selbstbild, über Wünsche und Sehnsüchte, über unbewältigte Triebe.
- Es mögen mir dann aktuelle Sorgen und Ängste, auch ungelöste Konflikte oder Probleme in den Sinn gekommen sein. Sie belasten mich einfach, ich kann sie kaum wegschieben. Sie gehören jetzt zu mir.
- Schließlich mögen Erinnerungen aufgestiegen sein: Szenen und Gestalten aus meiner Lebensgeschichte, vielleicht bis in die frühe Kindheit zurück. Mit welchen Gefühlen waren sie verbunden? Gibt es hier unbewältigte Konflikte, Verwundungen, Enttäuschungen, Prägungen...? Jetzt, nachdem sie mir zu Bewusstsein gelangt sind, habe ich die Chance, sie zu verarbeiten.

Ich überlege nun, wie ich mit dem umgehen möchte, was mir bewusst geworden ist.

3. Schritt: Gebet

In einem dritten Schritt nehme ich alles, was mir bewusst geworden ist, ins Gebet hinein und trage es vor Gott. Damit gebe ich es weg – ein entscheidend wichtiger Schritt, um innerlich freier und heiler zu werden!
Diesen Vorgang kann ich bildhaft vollziehen: Zunächst spreche ich alles aus, was ich weggeben will. Indem ich es ins Wort fasse, bekommt es eine klarere Gestalt. Dann packe ich es in meiner Vorstellung zu einem Paket zusammen, verschnüre es fest und schicke es – gewissermaßen „per Luftpost" – an Gott.
Gerade die ungelösten Probleme, Konflikte und Erinnerungen bedürfen wahrhaftig der *Heilung*. Hier kann ich nun die Erfahrung machen, dass *Christus* mich heilt, wenn ich mich mitsamt meinen Problemen, meinem Suchen und auch meiner inneren Unfreiheit, die ich schmerzlich empfinde, ihm in die Hand lege.
Schließlich kann ich gezielt die negativen Gedanken durch positive ersetzen: Ich nehme einen positiven Gedanken oder ein Bibelwort, das mir hilft, mich tröstet oder ermutigt, und meditiere darüber. Eine Zeit lang wiederhole ich innerlich diesen positiven Gedanken, bis er in die Tiefe sinkt und meine Stimmung wandelt.

4. Schritt: Gespräch

Ein vierter Schritt kann schließlich das Gespräch mit einer Vertrauensperson sein. Gerade wenn mich etwas stark beschäftigt oder gar aufwühlt, darf ich damit nicht allein bleiben! Das Gespräch wehrt der Gefahr (die nicht ganz

außer Acht gelassen werden darf), dass ich mich in einem Strudel der Gefühle und Probleme verliere.
Eine weitere Hilfe besteht darin, einen Brief an jemanden zu schreiben, mit dem ich ein Problem oder einen Konflikt habe. Dieser Brief soll nicht wirklich abgeschickt werden, sondern dient ausschließlich zur Klärung meiner eigenen Gefühle! Also kann ich hier offen alle Gefühle beim Namen nennen. Dadurch verarbeite ich sie.

Meditativ-kreative Übung

Dass einem die besten Ideen meistens dann kommen, wenn man Stille zu halten versucht, hat wohl jeder schon erlebt, der sich um Schweigen bemüht. Die „schöpferische Pause“ setzt Kreativität frei. Bei einer strengen Meditationsübung empfindet man alle Gedanken, die sich dazwischendrängen, zunächst einmal als Störung. Andererseits wäre es schade, die guten Ideen einfach fallenzulassen und sie möglicherweise wieder zu vergessen.
Hält man während des Meditierens einen Notizblock und Schreibstift bereit, kann man Ideen sofort notieren. Dies unterbricht die Meditation nur wenig, und man hat die Gedanken gleichsam „aus sich herausgestellt“, so dass sie einen nicht länger beschäftigen.
Es entspricht hier nicht der meditativen Grundeinstellung, gezielt nachzudenken und so eher zu arbeiten als zu meditieren. Zuerst suche ich die Stille, lasse alles Grübeln und zielgerichtete Denken fahren. Was dann aus größeren Tiefen aufsteigt, ohne dass ich es gewollt und angestrebt hatte, kann sehr schöpferisch sein.
Diese Übung hilft, das eigene Potenzial mehr zu entdecken und zu entfalten. Sie kann einen Beitrag zur Selbstfindung und damit zur Ausgestaltung und Sinnerfüllung der eigenen Freiheit geben.

Besinnung: „Fühle ich mich in diesem Augenblick frei?“

Statt einer Anleitung führe ich diese Übung jetzt selbst durch und schildere, was ich mir dabei denke.

Ich schreibe bereits den ganzen Vormittag an einem Artikel. Dazu hatte ich mich verpflichtet – die Zusage war frei gegeben, doch jetzt bindet sie mich. Nachdem ich in den vergangenen Wochen sehr viel gearbeitet habe, würde

ich heute lieber einen Tag Urlaub einlegen. Doch der Artikel muss termingerecht fertigwerden. In dieser Hinsicht bin ich im Augenblick nicht frei.
Andererseits tue ich meine Arbeit gern. Sie entspricht meinen Begabungen und fällt mir nicht allzu schwer. In dieser Hinsicht fühle ich mich frei, weil ich in Einklang mit mir selbst stehe. Außerdem sind die Bedingungen günstig: Ich kann mir meine schriftstellerischen Tätigkeiten weitgehend selbst wählen und einteilen; ich kann schreiben, was ich für gut und richtig halte, ohne dass mir jemand dreinredet.
Wie man sieht, kann das Ergebnis einer solchen Besinnung vielschichtig ausfallen. Unterschiedliche Konsequenzen sind möglich. Nun muss ich entscheiden, welchen Gesichtspunkten ich mehr Gewicht beilege...

Inzwischen habe ich mich entschieden, die Arbeit doch zu unterbrechen und am frühen Nachmittag eine kleine Wanderung zu unternehmen. Gut erholt bin ich zurückgekommen, und gebe jetzt dem Artikel seinen letzten Schliff. Allerdings habe ich beschlossen, dabei nicht allzu sehr meiner Neigung zum Perfektionismus zu frönen. Ich weiß, wie sehr ich dazu neige, mich damit selbst unter Druck zu setzen.

Übung des Loslassens

Die folgende Übung verbindet körperliche Entspannungsübungen mit einer Anleitung zum seelisch heilsamen inneren Loslassen. Wiederholt durchgeführt, kann sie sehr in die Tiefe gehen. Mit einem Mal lösen sich zwar noch kaum tiefere seelische Spannungen. Doch wenn man sich immer wieder auf die Übung einlässt und gezielt dort weiterdenkt, wo man eigene Probleme wahrnimmt, wird sich in der Tiefe vieles wandeln.

Einstimmung: sich getragen fühlen

Setzen Sie sich zu dieser Übung auf einen Stuhl. Es empfiehlt sich, dass der Stuhl eine gerade Lehne und eine ebene, eher harte Sitzfläche hat. Rücken Sie an die Lehne zurück, lassen Sie sich von ihr halten. Richten Sie sich gerade auf, dann lassen Sie sich zurücksinken in ein entspanntes Gleichgewicht. Setzen Sie beide Füße mit den Fußsohlen auf den Boden. Die Hände können Sie ineinandergefügt in den Schoß legen, oder auch auf die Oberschenkel – je nachdem wie Sie es als angenehmer empfinden.
Sie sind jetzt ganz da – in äußerer und innerer Ruhe. Nehmen Sie sich selbst wahr, wie Sie dasitzen! Nehmen Sie Ihren Leib wahr. Spüren Sie den Kontakt

Ihres Körpers mit dem Stuhl. Spüren Sie den Kontakt des Beckens mit der Sitzfläche des Stuhles, des Rückens mit der Lehne. Spüren Sie, wie der Stuhl Ihr Gewicht trägt. Sie werden getragen und gehalten. Sie sitzen im Gleichgewicht. So können Sie nicht fallen. Nehmen Sie mit den Fußsohlen den festen Boden unter sich wahr. Sie selbst und der Stuhl, auf dem Sie sitzen, ruhen auf diesem festen Boden, „auf festem Grund“. Sie dürfen sich sicher fühlen. In diese Sicherheit hinein können Sie sich jetzt loslassen.

Arme und Hände: Wille zum Leisten und Beherrschen

Spüren Sie zuerst von den Schultern aus in die *Arme und Hände* hinein. Nehmen Sie Arme und Hände wahr, bis in die einzelnen Finger. Arme und Hände dürfen jetzt ruhen. Spüren Sie, wie sie schwer werden. Arme und Hände entspannen sich.

Mit der Entspannung der Arme und Hände lassen Sie nun auch los alles *Handeln und Leisten,* vor allem den übertriebenen Leistungswillen. Sie dürfen auch einmal ruhen. Jetzt ist ein Augenblick der Ruhe und Entspannung, ein Augenblick des Loslassens. Gewinnen Sie inneren Abstand von Ihrer Arbeit, von Ihren Tätigkeiten. Geben Sie sich buchstäblich „aus der Hand“. Legen Sie alles *Gott* in die Hand: Er möge es segnen und vollenden.
Lassen Sie auch den Willen los, alles in den Griff zu bekommen, den Wunsch, etwas oder jemanden zu *manipulieren*. (Das Wort „manipulieren“ kommt vom Lateinischen *„manus“:* die Hand – es meint also, etwas in den Griff bekommen, es nach eigenen Vorstellungen formen wollen.) Geben Sie vor allem die Menschen frei, die Sie vielleicht in den Griff bekommen wollten. Lassen Sie zu, dass vieles nicht so läuft, wie Sie planen, dass Sie nicht alles in der Hand haben können. Geben Sie manches ab und überlassen es anderen. Es ist eine Entlastung, nicht alles beherrschen zu müssen!

Beine: Unruhe und Rastlosigkeit

Wenden Sie sich dann Ihren *Beinen* zu. Spüren Sie in die Beine hinein, bis zu den Füßen hinunter. Nehmen Sie die Verspannungen wahr und lösen Sie sie. Entspannen Sie die Oberschenkel ... dann die Unterschenkel, vor allem die Wadenmuskeln ... und schließlich die Füße. Nehmen Sie den Boden unter Ihren Fußsohlen wahr. Spüren Sie bis in die Zehen hinein.
Lassen Sie dann mit den Spannungen in den Beinen all das los, was seelisch dahinterstecken mag: all die *Unruhe und Unrast*. Sie müssen jetzt nicht rennen und hasten wie die Beine, die den ganzen Tag in Bewegung sind und die Last des Körpers tragen. Sie dürfen jetzt ruhen. In dieser Ruhe lassen Sie

jetzt alle Unruhe und Rastlosigkeit, alles Hasten und Rennen los. Sie finden Frieden.

Rücken: Lasten und Belastungen

Lassen Sie Ihre Arme und Beine ruhen – und wenden Sie sich nun Ihrem *Rücken* zu. Spüren Sie von der Sitzfläche aus zum Kreuzbein hin, und weiter das Rückgrat aufwärts. Spüren Sie nach, wie in der Wirbelsäule selbsttätig aufrichtende Kräfte wirksam sind. Sie können auch hier alle Spannungen loslassen. Sie sitzen zwar aufrecht, doch ohne Anstrengung, nicht krampfhaft, sondern in einem entspannten Gleichgewicht. Richten Sie sich noch einmal von unten nach oben auf, und lassen Sie sich dann hineinsinken in dieses entspannte Gleichgewicht. Spüren Sie, wie die Lehne des Stuhls Sie hält und stützt. Lösen Sie dann alle Spannungen den Rücken entlang: nochmals beim Gesäß und beim Kreuzbein beginnend ... dann um die Lendenwirbel ... auf der Rückseite des Brustkorbes und zwischen den Schulterblättern ... und schließlich auch die Schultern. Ganz gelöst, im inneren und äußeren Gleichgewicht, sitzen Sie da. Spüren Sie diesem ausgeglichenen Zustand ein wenig nach.

Mit der leiblichen Entspannung lassen Sie auch hier wieder innerlich los. Fragen Sie sich: Was belastet mich, welche Lasten trage ich auf meinen Schultern? Welche Belastungen beugen mich, machen mir den Rücken krumm, drücken mir aufs Kreuz? Das können äußere Lasten sein, die Sie etwa in der Arbeit immer wieder tragen müssen, schwere Lasten, die Sie niederdrücken und beugen. Mehr noch können es innere Lasten sein. Da kann es sich um Sorgen und Ängste handeln, aber auch um Anforderungen, die an Sie gerichtet werden, um Leistungsdruck, Überarbeitung, Anspannung. Doch es mag auch Resignation sein, die Sie dazu verleitet, die Schultern hängen zu lassen und den Rücken zu beugen. Schließlich kann es sich um Schuldgefühle handeln, die Sie beugen und niederdrücken.
Versuchen Sie nun, dies alles loszulassen. Vergegenwärtigen Sie es sich, und lassen Sie es dann los, eine Sache nach der anderen.
Denken Sie noch einmal an das, was Ihnen alle Kräfte abfordert, was Sie zu äußerster Kraftanstrengung zwingt, was Ihnen möglicherweise die Bandscheiben verschleißt. Lassen Sie los, gezielt gerade dort im Lendenwirbel- und Kreuzbeinbereich. Lassen Sie zugleich innerlich all die übertriebene Kraftanstrengung los.

Lassen Sie sich auch hier wieder los in das *Vertrauen zu Gott* hinein. „Er trug unsere Lasten“, so heißt es über Jesus Christus. Er trägt auch Ihre Lasten

mit. Sie dürfen sie loslassen. Übergeben Sie ihm vor allem das, worin Sie sich schuldig fühlen. Versuchen Sie nicht, Schuld zu verleugnen oder Ihre Fehler zu rechtfertigen, denn dies befreit Sie nicht. Stattdessen glauben Sie an Gottes barmherzige Liebe, die jede Schuld vergeben und auslöschen will. Lassen Sie die Last der Schuldgefühle los und legen Sie alles ihm in die Hand.
Denken Sie schließlich an belastende Erinnerungen und Ereignisse Ihres Lebens, durch die Sie sich niedergebeugt fühlen. Lassen Sie auch diese los. Bitten Sie Gott um Heilung Ihrer Vergangenheit und um Versöhnung mit Ihrer Lebensgeschichte.

Schultern: Ängste

Als nächstes wenden Sie sich Ihren *Schultern* zu. Achten Sie darauf, ob Sie die Schultern hochziehen – oder ob Sie dazu neigen, die Schultern nach vorne fallen zu lassen, so dass Sie gebeugt gehen und sitzen. Lösen Sie die Verspannungen in den Schultern, lassen Sie sie locker herabfallen – und zwar zur Seite, nicht nach vorn. Sie sitzen ja aufrecht; richten Sie sich noch einmal auf.

Auch diesmal lassen Sie mit der Entspannung der Schultern das los, was hinter diesen Spannungen stecken mag, nämlich Ihre *Ängste:* das, was Sie die Schultern hochziehen, den Kopf zwischen die Schultern stecken, gleichsam in Deckung gehen lässt. Fragen Sie sich: Vor was oder vor wem habe ich Angst? Was setzt mich in Schrecken? Vielleicht entdecken Sie viel Unsicherheit in sich, ein geringes Selbstwertgefühl und wenig Kraft, sich den Ereignissen des Lebens zu stellen. Lieber verstecken Sie sich...
Versuchen Sie nun, alle ihre Angst und Unsicherheit loszulassen. Vertrauen Sie sich noch einmal der Sorge Gottes, dem Schutz Gottes an. Sie müssen sich nicht fürchten – Sie dürfen dem Leben trauen. Lassen Sie dieses lähmende Gefühl der Angst los, und schauen Sie dem Leben ins Gesicht.

Hals und Nacken: Starrsinn und Stolz

Als nächstes wenden Sie sich dem *Hals- und Nackenbereich* zu. Spüren Sie nach, welche Spannungen Sie hier wahrnehmen, und lösen Sie diese Spannungen. Der Kopf sitzt locker auf dem Rückgrat. Sie müssen ihn nicht krampfhaft hochtragen. Aber Sie sollen ihn auch nicht hängenlassen, sondern gelöst aufrecht halten. Spüren Sie in die Hals- und Nackenpartie hinein und lösen Sie die Spannungen. Spüren Sie, wie der Kopf sich mit der Entspannung fast von selbst gerade richtet.

Wiederum können Sie jetzt mit der Entspannung der Hals- und Nackenpartie das loslassen, was innerlich hinter diesen Verspannungen stecken mag. Man sagt ja, dass ein Mensch *„hartnäckig“* oder *„halsstarrig“* sein könne. Überlegen Sie also, ob es Dinge gibt, bei denen Sie um keinen Preis nachgeben wollen, wo Sie kompromisslos kämpfen, hartnäckig und unbeugsam sind, wo Sie unerbittlichen Widerstand leisten, sich vielleicht sogar starrsinnig und uneinsichtig verhalten. Dahinter mag ein starker, ja übermäßiger Wille zur Selbstbehauptung oder sogar Stolz stecken.
Spüren Sie die innere Befreiung, die es mit sich bringt, wenn Sie nicht mehr bis zum Äußersten kämpfen oder erbitterten Widerstand leisten, nicht mehr um jeden Preis etwas erzwingen müssen, sondern gelassen und offen bleiben können.
Versuchen Sie, auch andere Standpunkte zu verstehen, anderen entgegenzukommen, sinnvolle Kompromisse zu schließen. Lassen Sie Ihre Starre und Unerbittlichkeit los, auch alle übertriebene Selbstbehauptung. Werfen Sie den geistigen Stolz und Hochmut über Bord. Wahre „Demut“ ist nichts, was Sie klein macht, sondern eher eine Haltung innerer Freiheit und Offenheit, sowie eine realistische Sicht auf die eigene Person!

Mundpartie: „Verbissenheit“

Wenden Sie dann Ihre Aufmerksamkeit der *Mundpartie* zu. Achten Sie darauf, ob Sie die Lippen aufeinandergepresst haben, ob Sie die Zähne zusammenbeißen, ob Sie im Allgemeinen um den Wangen-, Mund- und Kieferbereich verkrampft sind. Lösen Sie diese Spannungen. Die Lippen bleiben weiterhin geschlossen, werden aber nicht aufeinandergepresst, die Zähne nicht zusammengebissen, die Mundwinkel nicht hinauf- oder hinuntergezogen. Auch die Zunge liegt locker im Mund. Sogar bis in den Rachenraum hinein können Sie sich entspannen.

Und wiederum lassen Sie jetzt mit der Entspannung des Mund- und Kieferbereiches das los, was innerlich hinter diesen Spannungen stecken mag. Man spricht ja davon, dass man *„verbissen“* sein könne. Fragen Sie sich also, ob es Dinge gibt, die Sie unbedingt erreichen oder erzwingen wollen; Ziele, auf die Sie sich fixiert haben; Absichten, die Sie verbissen verfolgen.
Lassen Sie all dies jetzt los. Die Ziele, die Sie anstreben, die Absichten, die Sie verfolgen, die Pläne die Sie haben – sie müssen nicht krampfhaft und „verbissen“ verfolgt werden. Sie können sie stattdessen in Ruhe und Gelassenheit anstreben, können auch Ihre Arbeit gelassen ausführen. Vieles wird dann leichter und besser gehen; es wird Sie weniger aufreiben.

Gesicht: die Sorgen loslassen

Spüren Sie weiter in Ihr *Gesicht* hinein. Versuchen Sie wahrzunehmen, wo dort Spannungen sind, wo es Anspannung gibt. Achten Sie besonders auf die *Stirn*. Wie oft legen wir die Stirn in Furchen oder ziehen sie zusammen, so dass sich die typischen Denkfalten über der Nasenwurzel bilden. Angestrengtes Nachdenken, aber auch Sorgen und Konflikte erzeugen diese innere Spannung, die sich auf unserem Gesicht niederschlägt.
Lassen Sie nun diese Spannung los. Stellen Sie sich vor, dass eine freundliche, sanfte Hand Ihnen über die Stirn streicht und die Anspannung wegnimmt. Lassen Sie dieses angenehme Gefühl des Loslassens, der Entspannung auf sich wirken und in die Tiefe dringen. Die Entspannung setzt sich fort über die Stirn, über die Kopfhaut hinweg, bis in die Tiefe des Gehirns hinein. Sie spüren, wie ein Druck vom Gehirn, von Ihrem Denken weggenommen wird.

Mit der körperlichen Entspannung lösen Sie jetzt das, was innerlich hinter diesen Verspannungen stehen mag, nämlich die *Sorgen*. Sie veranlassen uns, die Stirn in Falten zu legen, lassen uns angestrengt nachgrübeln, versetzen uns in innere Anspannung.
Was macht Ihnen Sorgen? Vergegenwärtigen Sie sich dies – und lassen Sie es jetzt los. Lassen Sie Ihre Sorgen los.
„Werft alle Eure Sorge auf ihn, denn er kümmert sich um euch“, heißt es in der Heiligen Schrift (1. Petrusbrief 5,7). Lassen Sie Ihre Sorgen los im Vertrauen auf Gott, auf die *Sorge Gottes*. Denken Sie an die Dinge, die Ihnen Sorgen bereiten, an Aufgaben oder Ereignisse, die Sie bedrängen. Übergeben Sie diese Sorgen an Gott. Denken Sie vor allem an die Menschen, um die Sie sich Sorgen machen. Vertrauen Sie sie Gott an.

Bauchdecke: Blockierung von Lebenskräften

Bleiben Sie in dieser aufrechten und zugleich entspannten Körperhaltung, und wenden Sie sich nun Ihrer *Bauchdecke* zu, dem Bereich des Leibes, der auch eng mit dem Atem zusammenhängt. Spüren Sie nach, ob hier Verspannungen zu spüren sind.
Entspannen Sie zunächst den Bereich um den *Magen*. Lassen Sie dabei innerlich auch alles los, was Sie „geschluckt“, aber nicht „verdaut“ haben, was Sie „in sich hineinfressen“, was Ihnen noch auf den Magen drückt. Lassen Sie allen *seelischen Druck und „Stress“* los – vor allem den Druck, den Sie sich selber bereiten durch Hektik, Perfektionismus oder durch die Angst, etwas falsch zu machen und zu versagen.

Spüren Sie dann weiter über die ganze Bauchdecke hinweg. Oft sind hier alle Muskeln verkrampft, und dies bremst auch merklich die Atembewegung. Indem es den Atem behindert, lähmt es elementare Kräfte des Lebens in uns. Lösen Sie diese Verspannungen in der Bauchdecke. Lassen Sie den Bauch sich ruhig aufwölben, so wie er selbst es will, ohne Scheu, ihn einfach hängen zu lassen. Spüren Sie, wie sofort der Atem leichter und freier wird, und wie er mehr in die Tiefe geht.
Spüren Sie in die Tiefe des Bauch- und Beckenraumes hinein. Dort ist der *Schwerpunkt* Ihres Leibes, zugleich ein leib-seelischer Sammlungspunkt, die Schale des Beckens, in der Sie ruhen können. Lassen Sie los und ruhen Sie in Ihrer Mitte.

Mit der Entspannung der Bauchdecke und dem Freigeben des Atems lassen Sie dann alles los, was an *innerer Blockierung* da ist: alles krampfhafte Festhalten an sich selbst, alle Angst vor dem Leben und vor der Unberechenbarkeit des Lebens; die Angst vor dem, was man nicht vorhersehen und kontrollieren kann; die Angst vor den schwer zu beherrschenden Gefühlen, Antriebskräften und vitalen Energien. Lassen Sie los und geben Sie der Bewegung des Lebens freien Raum. Lassen Sie die Angst vor der Dynamik des Lebens los, überlassen Sie sich ihr. Indem Sie den Atem freigeben, überlassen Sie sich dem Leben und den Kräften des Lebens. Sie dürfen ihre Gefühle und Triebkräfte zulassen. Lassen Sie in Ihrem Leben auch einmal etwas einfach geschehen, wie es sich aus dem Fluss der Ereignisse ergibt. Das kann sehr befreiend sein.
Atmen Sie bewusst ruhig und gleichmäßig weiter. Lassen Sie mit dem Ausatmen immer noch weiter Spannungen hinausfließen. Spüren Sie dem Rhythmus und der Dynamik nach, die in der Bewegung des Atmens liegen, dem freien Strömen Ihrer Lebenskräfte.

Menschen loslassen

Denken Sie jetzt an Menschen, von denen Sie *Abschied* nehmen mussten. Jeder Abschied ist schmerzlich. Und oft bleibt man doch innerlich an einem Menschen hängen. Lassen Sie nun diese Menschen los. Nehmen Sie innerlich Abschied von ihnen. Nehmen Sie Abschied ohne Zorn, ohne Groll. Lassen Sie den Schmerz der Trennung los. Werfen Sie dies alles in die Liebe Gottes hinein. Übergeben Sie die Menschen der Liebe und Sorge Gottes – gerade jene Menschen, um die Sie sich sorgen, um die Sie sich jedoch nicht mehr kümmern können oder auf die Sie keinen Einfluss mehr haben.
Denken Sie dann an Menschen, mit denen Sie *zusammenleben oder zusammenarbeiten.* Lassen Sie jetzt jeden Wunsch los, sie zu binden, sie zu

kontrollieren, sie vielleicht sogar zu beherrschen. Lassen Sie los und geben Sie die Menschen frei. Gute Beziehungen entfalten sich nur in der Freiheit gegenseitigen Loslassens.
Denken Sie schließlich an die Menschen, mit denen Sie in *Konflikt* stehen. Lassen Sie Zorn, Groll und Verletztsein jetzt los. Streben Sie nach innerer Versöhnung. Bitten Sie Gott um ein erneuertes, versöhnliches Herz ... um die Gnade, verzeihen beziehungsweise um Verzeihung bitten zu können ... um die Kraft, wieder auf andere zuzugehen.

Sich selbst loslassen – vertrauen

Zum Schluss lassen Sie noch einmal *sich selbst* los. Spüren Sie nach, wie Sie gehalten und getragen werden, wie Sie gelöst dasitzen dürfen. Sie sind getragen, letzten Endes getragen von der *Liebe Gottes.* Werfen Sie sich jetzt einfach in diese Liebe Gottes hinein, ins tiefe Vertrauen.

Nehmen Sie sich nochmals im Gesamten wahr, wie sie dasitzen: entspannt, im Gleichgewicht, in Ruhe. Wenn Sie spüren, dass sich irgendwo wieder eine Spannung aufgebaut hat, lassen Sie sie erneut los. Verweilen Sie noch eine gewisse Zeit in diesem Zustand der Stille und Entspannung.

Abschluss der Übung

Stellen Sie sich nun auf das Ende der Übung ein. Fragen Sie sich zuerst, was Sie sich aus dieser Übung bewahren möchten: eine Erfahrung, eine Einsicht, eine Idee...
Dann bewegen Sie die Hände ein wenig, dann die Arme und die Schultern. Atmen Sie gut durch. Bewegen Sie den Kopf ein wenig hin und her, auf und ab. Streichen Sie sich mit den Händen über das Gesicht. Dann bewegen Sie die Füße und Beine, dehnen und strecken Sie sich.
Nun können Sie wieder aufstehen.

- Gesprochene Übungs-Anleitungen zur Meditation, darunter auch diese „Übung des Loslassens“, sind beim Autor auf CD zu bekommen.
  Fragen Sie an bei: wilhelm.schaeffer@web.de

Der „Pakt der Barmherzigkeit“

Wo immer Menschen enger zusammenleben (in Ehe und Familie, unter Freunden, in einer Glaubensgemeinschaft...) ist es sinnvoll, den Willen zu stets neuer Versöhnung einander ausdrücklich zu erklären – als *„Pakt der Barmherzigkeit“*, etwa in folgender Weise:

- Wir nehmen einander an, so wie wir sind, und versuchen nicht, den andern zu ändern. Wir lassen ihm sein Anderssein, sagen „ja“ dazu und betrachten es als Bereicherung unserer Beziehung.
- Wir versprechen uns gegenseitig, dass wir einander jeden Tag neu annehmen wollen – fast so, als ob wir uns ganz neu kennenlernen würden. Was gestern war und vielleicht unsere Beziehung gestört hat, ist heute Vergangenheit und vorbei.
- Wir versprechen uns gegenseitig, dass wir das Verhalten und die Worte des andern stets wohlwollend und positiv, niemals negativ auslegen. Viele Konflikte werden ja dadurch aufgeheizt, dass man das Verhalten des andern negativ auslegt, ihm böse Absichten unterstellt usw. Wir wollen einander eher unterstellen, dass es nicht so gemeint war, wie es bei mir ankam, dass einer sich nur im Ton vergriffen hat, vielleicht selber Ärger gehabt oder nur einfach einen schlechten Tag hat... So nehmen wir nicht so schnell etwas übel, und kleinere Konflikte oder Missverständnisse entzweien uns nicht ernsthaft.
- Wenn jedoch trotzdem einmal etwas Ernsteres zwischen uns getreten ist, *„soll die Sonne über unserem Zorn nicht untergehen“* (vgl. Epheserbrief 4,26): Wir sprechen möglichst bald darüber. Dabei reden wir offen und ehrlich und bringen alles auf den Tisch, geben uns aber zugleich redlich Mühe, einander zu verstehen. Wir suchen eine faire Lösung, so dass niemand sich als Verlierer fühlen muss.
- Nachdem wir uns ausgesprochen und wieder versöhnt haben, wird das, was da zwischen uns getreten war, in einen tiefen, dunklen Teich versenkt: in den „Teich der Barmherzigkeit“. An dessen Ufer steht ein Schild mit der Aufschrift: *„Angeln verboten!“* Niemals wieder kommen wir darauf zurück; niemals hält einer dem andern etwas aus der Vergangenheit vor.

EINIGE PHILOSOPHISCHE HINTERGRUND-ÜBERLEGUNGEN

(Muss man nicht lesen, helfen aber, Zusammenhänge besser zu verstehen!)

Freiheit gewinnen, Freiheit gestalten

Thema dieses Buches ist die Freiheit. Was man nicht finden wird, ist eine *Definition,* was Freiheit ist und worin sie besteht. Eine Freiheit, die erklärt und definiert werden kann, die man „dingfest macht“, wäre keine Freiheit mehr – sie würde berechenbar. Wirklich freie Entscheidungen kommen aus der Tiefe der Person, die man nicht mehr vollständig fassen kann. Eben dies macht unsere Freiheit aus.

Was man findet, sind *Beschreibungen* der Freiheit: Unter welchen Bedingungen sind wir frei? Was behindert Freiheit? Wie kann man mehr Gebrauch von der eigenen Freiheit machen?

Einer der Leitgedanken dabei ist, dass Freiheit sich in zwei Richtungen entfaltet:

1. Freiheit setzt voraus, dass ich keinen äußeren oder inneren Zwängen unterliege. Sofern solche bestehen, muss ich mich möglichst von ihnen befreien. Freiheit will *gewonnen* werden.
   Da wir in unserem Land relativ viel *äußere* (politische, gesellschaftliche) Unabhängigkeit genießen, ist davon seltener die Rede. Wichtiger (und erheblich schwieriger) erscheint die Aufgabe, *innere* Fesseln und „Programmierungen“ zu überwinden.
2. Freiheit will *gestaltet* werden. Andernfalls bleibt sie leer und erscheint sinnlos. Dazu muss ich von meiner Freiheit Gebrauch machen. Ich muss *wollen*, was ich tue. Wer nur „nach Lust und Laune“ lebt, ist ungebunden, aber nicht frei, weil er sich treiben lässt und keine wirklichen Entscheidungen trifft.

Freiheit und Selbstfindung

Um der eigenen Freiheit einen Inhalt und damit einen Sinn zu geben, halte ich es für entscheidend, dass ich das wähle, was in Einklang mit meinem eigenen Wesen steht. Gestaltung von Freiheit hat also viel mit „Selbstfindung“ und „Selbstverwirklichung“ zu tun – im besten Sinne dieses Wortes: „Verwirklichung des eigenen Selbst“; der Mensch werden, der ich im Tiefsten bin; das Potenzial entfalten, das in mir liegt. Eine lebenslange Aufgabe!

Viele, die über den Menschen nachdenken (Philosophen, Psychologen, Weisheits- und Meditationslehrer, geistliche Meister...) weisen hier (in erstaunlicher Übereinstimmung) auf eine *Spaltung* in jedem Menschen hin: der zwischen seinem „Oberflächen-Ich“ oder „Ego“ und seinem „Wesens-Ich“ oder „Selbst“. Dafür gibt es verschiedene Begriffe, die aber weitgehend dasselbe meinen. Wer seinem „Oberflächen-Ich“ verhaftet bleibt (und das scheinen heute sehr viele zu sein!), bleibt unfrei. Erst wer sein tieferes Wesen versteht und entfaltet, „verwirklicht sich selbst“ und gewinnt mit Lebenssinn und Lebensglück auch seine Freiheit. Die wichtigste Reifungsaufgabe für jeden Menschen besteht darum darin (auch hierin sind sich Autoren aus unterschiedlichsten Weltanschauungen und Religionen erstaunlich einig!), sich vom „Ego“ zu lösen und zum eigenen „Selbst“ durchzudringen.

Dieses „Selbst“ besteht zum einen aus dem, was ein Mensch als das beschreiben kann, was ihm entspricht oder was in ihm angelegt ist. Ein guter Teil der „Selbst-Verwirklichung“ besteht darin, dies zu erkennen und zu entfalten, also das eigene Leben so einzurichten, dass man in Einklang mit sich selbst lebt und das eigene Potenzial entwickelt. Dahinter liegt jedoch eine tiefere Dimension: die innerste Mitte der Person. Manche meinen ausschließlich dies, wenn sie vom „Selbst“ sprechen. Diese Mitte lässt sich nicht mehr beschreiben. Hier kann ich nur noch sagen: „Ich bin *ich!*“ Und doch erlebe ich alles von dieser Mitte her. Von ihr aus beurteile ich, was mir entspricht und was nicht. Von ihr aus entscheide und handle ich. Sie ist die eigentliche Quelle meiner Freiheit.

Manche betrachten dieses „Selbst“ als das Göttliche im Menschen. Dies ist nicht die christliche Sichtweise, denn diese unterscheidet klar zwischen Schöpfer und Geschöpf. Wir Menschen sind immer geschaffene und daher in ihrer Existenz abhängige (besser: mit uns selbst beschenkte) Wesen. Wahr ist jedoch, dass das innerste Selbst „Ebenbild Gottes“ ist (vgl. Genesis 1,26.27), ja zum Spiegel des Göttlichen werden kann. Es ist offen für Gott, kann Gott begegnen, ja mit ihm eins werden. Dies allerdings erfahren wir als „Gnade“, das heißt als nicht machbares Geschenk.

Selbstüberschreitung und Liebe

Dass (beschreibbares) „Wesen“ und (nicht beschreibbares) „Selbst“ noch einmal unterscheidbar sind, eröffnet einen weiteren Aspekt von Freiheit: Ich kann über mich hinausblicken, mich „transzendieren“. Ich lebe in der Welt und in Bezug zu anderen Menschen. „Selbstverwirklichung“ geschieht nicht in einem leeren Raum. Zum einen sind Freiheit und Lebensrecht anderer stets die Grenze meiner eigenen Freiheit. Viel wichtiger jedoch: Andere Menschen ermöglichen die tiefste Sinnerfüllung von Freiheit, indem ich mich selbst vergesse und *für andere* lebe – das heißt: dass ich *liebe.* In der Hingabe an andere Menschen, im „Dasein für“, findet Freiheit ihr eigentliches Ziel. Dies gilt entsprechend für die Hingabe an höhere Werte, Ideen oder Ideale: Sinn entsteht vor allem dann, wenn ich für etwas lebe, das größer ist als ich selbst – also wenn ich mich selbst *überschreite*.

Unbeschränkte Freiheit?

Diese Überlegungen setzen voraus, dass es so etwas wie „mein persönliches Wesen", mit dem ich in Einklang kommen möchte, überhaupt gibt. Freiheit hat also einen Bezugspunkt, auf den hin sie sich entfaltet. Dieser kann auch verfehlt werden. Dann lebt ein Mensch *gegen* sein Wesen – und wird meist unglücklich.
Ein Gegenbild entwirft der französische Existenzialphilosoph *Jean Paul Sartre.* Für ihn ist der Mensch *absolut* frei: Es gibt kein „Wesen", weder ein allgemeines „Wesen des Menschen", noch mein persönliches Wesen. Ich erschaffe mich selbst, und kann mich ständig neu „erfinden". Dafür gibt es keinerlei Beschränkungen. Der Mensch ist gleichsam ein unbeschriebenes Blatt, das er selbst erst beschreibt.
Dies entspricht allerdings nicht unserer tatsächlichen Erfahrung! Die Erfahrung, in Einklang mit sich selbst zu stehen, gibt es ebenso wie die Erfahrung, gegen das eigene Wesen zu leben, in Widerspruch zu sich selbst zu geraten, und genau darunter zu leiden. Das ist nicht nur der Fall, wenn man aus äußeren Gründen oder gar unter Zwang gegen das eigene Wesen lebt, sondern auch, wenn man meint, eine freie Entscheidung getroffen zu haben, und dann doch feststellen muss, dann man nicht zum Einklang mit sich selbst gelangt ist. Wäre die Freiheit absolut, dürfte es solche Erfahrungen gar nicht geben!
Die völlig offene Freiheit ohne inneren Bezugspunkt in Gestalt des „eigenen Wesens" scheint meist dazu zu führen, dass Menschen meinen, sich selbst immer neu erfinden zu müssen. Doch in keinem ihrer Entwürfe gelangen sie mit sich in Einklang, nie sind sie glücklich. Dauernd müssen sie Neues ausprobieren, ohne je an ein Ziel zu gelangen. Was unterscheidet sie dann noch von jemandem, der sich einfach treiben lässt? Auch sie sind „Getriebene". Ob man das wohl „Freiheit" nennen kann?

Wie weit legt mein „Wesen" mich fest?

Freiheit gewinnen und gestalten in Form der Wesens-Verwirklichung könnte falsch verstanden werden: Legt mich mein inneres Wesen nicht doch wieder fest? Habe ich am Ende doch nur *eine* Möglichkeit, sinnvoll zu leben? Wird Freiheit dadurch zur Illusion?
Die Freiheit wird aus verschiedenen Gründen auch geleugnet. Doch hätte das einige seltsame und absurde Konsequenzen, auf die im Heft gelegentlich Bezug genommen wird (vgl. v.a. S. 20-23).

Das eigene Wesen jedenfalls ist zwar ein Bezugspunkt der Freiheit, aber es legt mich nicht fest. Zumindest *eine* Freiheit gibt es immer: *mit* meinem Wesen zu leben, oder *gegen* es. Womit ich zu mir selbst finden kann, ist nicht einfach beliebig. Jedoch ist es nicht so festgelegt, dass es nur *eine* Möglichkeit gäbe. Und es ist individuell verschieden: Jeder Mensch hat sein *eigenes* Wesen. Auch von diesem je persönlichen Wesen her habe ich immer mehr Möglichkeiten, als ich je verwirklichen könnte. Mir bleibt eine Wahl. Außerdem entwickle ich mich als Mensch weiter, ich wachse und reife. Ich entdecke, etwa angesichts von Herausforderungen, Seiten an mir, die ich bisher nicht gekannt habe. Oder haben sie sich jetzt erst entfaltet? Das „Spiel der Selbstfindung“ bleibt ein offener Prozess. Ich wirke auf mich selbst zurück. In gewissem Sinn forme ich mein Wesen auch mit; zumindest entwickle ich es weiter.

Freiheit und die Macht der Motive

Menschliches Verhalten folgt *Motiven.* Wird es dadurch am Ende nicht doch festgelegt? Motive wirken allerdings anders als die Wirkkräfte etwa der Physik. Dort kann man einen Vorgang vollständig erklären aus den allgemeinen Naturgesetzen und den konkreten Bedingungen. Deshalb kann man ihn auch vorausberechnen.

Menschliches Verhalten kann man auf Grund von Motiven *verstehen.* Motive *bewegen* (von lateinisch „*movere*“), sie *zwingen* jedoch nicht. Auch zu unseren Motiven können wir immer noch Stellung beziehen und sie in Frage stellen. Entscheidend für Freiheit ist, dass wir im Prozess der Willensbildung selbst „mit drin“, also aktiv beteiligt sind – dass er *bewusst* geschieht. Hier läuft kein mechanisches Räderwerk ab, sondern ein lebendiges Wechselspiel: Ich kann Abstand nehmen zu all dem, was meinen Willen beeinflusst – Wünsche, Motive, Vorerfahrungen, ethische Grundsätze, auch äußere Einflüsse und Erwartungen –, und beziehe Stellung dazu. Im Prozess der Willensbildung reflektiere ich dies alles, suche die Zusammenhänge zu verstehen, beurteile die Motive, und so eigne ich sie mir an. Dadurch entsteht mein *eigener* Wille. Je ernsthafter ich das betreibe, desto freier werde ich. Immer wieder muss ich fragen: „Was will ich denn *wirklich* – und *warum* will ich es?“

Solange wir uns unserer Motive nicht bewusst sind, steuern sie uns. Indem wir uns ihrer bewusst werden, über sie nachdenken und sie uns kritisch aneignen, steuern wir sie! Leider machen wir von dieser Fähigkeit viel zu wenig Gebrauch. So bleiben wir doch oft unfrei.

Freiheit lässt sich nur schwer an einzelnen Entscheidungen festmachen. Sie erscheint eher als ein Prozess ständiger, immer weiter voranschreitender

Selbst-*Befreiung*. Menschliches Denken ist ein vielfach rückgekoppelter Vorgang: Wir können uns gleichsam ständig selbst „neu programmieren". Hirnforscher sprechen hier von „Neuroplastizität".

An Freiheit glauben

Ob unsere Motive uns *zwingen,* das zu tun, was wir tun, lässt sich weder eindeutig beweisen noch widerlegen. Es könnte so sein. Dann würden wir funktionieren wie Computer, die (bei aller Komplexität) immer nur ihrer Programmierung folgen. Von Freiheit bliebe dann nichts übrig. Man muss also wohl sagen: an die Freiheit *glaubt* man – oder man glaubt nicht daran!
Doch es gibt einen guten Grund, an Freiheit zu glauben: Man kann nämlich menschliches Verhalten nicht zuverlässig vorausberechnen. Vieles lässt sich vorhersehen, doch Menschen sind stets für *Überraschungen* gut. Und genau darum glaube ich daran, dass es Freiheit wirklich gibt!. Und ich bin überzeugt: Je ernsthafter ein Mensch an die Freiheit glaubt, desto freier wird er!

Im Epilog zu seinem Buch „Das Handwerk der Freiheit", nach Hunderten von Seiten voller scharfsinniger Beobachtungen und Analysen über Freiheit und Unfreiheit, äußert der Philosoph *Peter Bieri* seine *Verwunderung* darüber, dass es Freiheit gibt.[11)] Denn eigentlich wäre sie gar nicht möglich, da doch all unser Denken, Entscheiden und Handeln *bedingt* ist durch allerlei Voraussetzungen, Einflüsse, Vorerfahrungen und Motive. Und doch – höre und staune – *es gibt sie: die Freiheit!*

ANMERKUNGEN

1) Dies gilt zumindest für Europa. In den USA ist, aus historischen Gründen, Religion eher mit Freiheit verknüpft, denn deren Geschichte begann mit Auswanderern, die hier Religionsfreiheit suchten.

2) *Richard David Precht;* Wer bin ich und wenn ja, wie viele? Eine philosophische Reise. Goldmann-Verlag : München 2007.

3) *Michael Ende;* Die unendliche Geschichte. K. Thienemanns Verlag : Stuttgart 1979. Zitate S. 227-228.

4) *Viktor Frankl;* Trotzdem Ja zum Leben sagen : Ein Psychologe erlebt das Konzentrationslager. dtv : München 1982.

5) Zum Ganzen vgl.: *Stefan Kiechle;* Sich entscheiden. Ignatianische Impulse Nr. 2. Echter-Verlag : Würzburg 2004, S. 32-41.

6) In der Geschichte des Christentums gab es immer wieder Bestrebungen, eine „Kirche der Reinen", also der absolut Konsequenten und Vollkommenen, zu schaffen. Mit dem Evangelium hat das wenig zu tun. Der amerikanische Prediger *Billy Graham* sagte dazu: „Ich wünsche mir eine vollkommene Kirche. Leider könnte ich selbst nicht dazugehören!"

7) Der Reformator *Martin Luther* hat dies, auch als Antwort auf seine persönlichen Glaubensprobleme, sehr tief empfunden und in die Formel *„simul iustus et peccator"* gefasst: Der Mensch ist und bleibt Sünder – und zugleich stets von Gott „gerecht gesprochen" (das heißt angenommen und versöhnt), wenn er nur daran glaubt.

8) *Francis Fukuyama;* The End of History and the Last Man. 1992.

9) Wer den Weg seelischer Heilung eingehender vertiefen möchte, kann an dem Kurs *„Meine Lebensgeschichte heilen lassen"* teilnehmen, jährlich angeboten vom Haus „La Verna" der Franziskanerinnen von Gengenbach: 77723 Gengenbach, Auf dem Abtsberg 4a. Tel.: 97803-801445.
E-Mail: spoleto@t-online.de. Internet: www.spoleto-gengenbach.de.
Ein *„Gebet um Heilung der Lebensgeschichte"* kann beim Autor kostenlos als E-Mail-Anlage im PDF-Format angefordert werden.
Bestellen Sie bei: wilhelm.schaeffer@web.de

10) Vgl. dazu: *Marianne Gronemeyer;* Das Leben als letzte Gelegenheit : Sicherheitsbedürfnisse und Zeitknappheit. Wissenschaftliche Buchgemeinschaft : Tübingen, 5. Auflage 2014.

11) *Peter Bieri;* Das Handwerk der Freiheit : Über die Entdeckung des eigenen Willens. Carl Hanser Verlag : München-Wien 2001.

EINSTIMMENDE ÜBUNG ZUR SAMMLUNG (KURZFASSUNG)

Ankommen
Ich habe jetzt Zeit, Zeit zum Ankommen. Ich setze mich hin, in meiner gewohnten Meditations-Haltung, und komme zur Ruhe.

Den Leib fühlen
Zunächst spüre ich, wie ich sitze. Unter mir nehme ich den Boden wahr, der mich trägt, und ggf. die Sitzfläche des Stuhles.
Ich spüre in meine Leibmitte hinein: in den unteren Bauchraum, unterhalb des Nabels. Von dieser Mitte aus richte ich mich auf. Die Wirbelsäule kommt ins Lot; ich nehme ihre aufrichtende Kraft wahr. Ihr vertraue ich mich an. So sitze ich in einem entspannten Gleichgewicht.
Die Hände ruhen auf den Oberschenkeln oder schalenförmig im Schoß.

Den Körper entspannen
Ich löse alle Spannungen in meinem Körper: Arme und Hände ... Beine und Füße ... Rücken vom Kreuzbein ausgehend aufwärts, die Wirbelsäule entlang, bis zu den Schultern; dabei gelangt meine Sitzhaltung noch besser ins Gleichgewicht ... Hals und Nacken ...
Besonders aufmerksam entspanne ich mein Gesicht: Stirn, Augen, Wangen, Mundpartie... und spüre, wie das Gesicht frei und heiter wird. ... Ich entspanne die Kopfhaut und spüre, wie Druck vom Gehirn weicht. ...
Schließlich entspanne ich Brust und Bauchdecke und spüre, wie der Atem freieren Raum bekommt.

Mit dem Atem mitschwingen
Nun nehme ich meinen Atem wahr, lasse ihn frei gehen, wie er will, und atme alles Belastende aus. Mit dem Zwerchfell atme ich in die Tiefe des Bauchraumes hinein. Ich schwinge mit der Bewegung des Ein- und Ausatmens mit.

Den Geist zur Ruhe kommen lassen
Alle Anspannung lasse ich abfließen. Auch Druck und geistige Anstrengung lasse ich los. Die Gedanken kommen zur Ruhe. Ich lasse sie vorbeiziehen, wie sie in mir aufsteigen, ohne ihnen nachzugehen. ...
Eine innere Stille tritt ein.

Gegenwärtig und offen sein
Der Atem führt mich nach innen und in die Tiefe. Ich komme mir selbst, meiner inneren Mitte nahe. Ich ruhe in mir. So bin ich ganz wach und gegenwärtig. Ich öffne mich für das Geheimnis des Lebens, das in meiner Tiefe anwesend ist – und dafür, dass *Gott* mich berühren und ansprechen kann.

Gebete zur Einstimmung oder zum Abschluss einer Tagesbesinnung

Noch bevor wir dich suchen, bist du bei uns.
Bevor wir deinen Namen kennen, bist du schon unser Gott.
Öffne unser Herz für das Geheimnis, in das wir aufgenommen sind:
Dass du uns zuerst geliebt hast und dass wir glücklich sein dürfen mit dir.
Nicht weil wir gut sind, dürfen wir uns dir nähern,
sondern weil du Gott bist.

F. Cromphout, A. von Laere, L. Geyseis, R. Lenaers; Gotteslob Nr. 6/1

Du Gott des Aufbruchs,
segne uns, wenn wir dein Rufen vernehmen,
wenn deine Stimme lockt,
wenn dein Geist uns bewegt zum Aufbrechen und Weitergehen.
Du Gott des Aufbruchs,
begleite und behüte uns, wenn wir Abhängigkeiten entfliehen,
wenn wir uns von Gewohnheiten verabschieden,
wenn wir festgetretene Wege verlassen,
wenn wir dankbar zurückschauen und doch neue Wege wagen.
Du Gott des Aufbruchs,
wende uns dein Angesicht zu, wenn wir Irrwege nicht erkennen,
wenn uns Angst befällt, wenn Umwege uns ermüden,
wenn wir Orientierung suchen in den Stürmen der Unsicherheit.
Du Gott des Aufbruchs,
sei mit uns unterwegs zu uns selbst, zu den Menschen, zu dir.
So segne uns mit deiner Güte, und zeige uns dein freundliches Angesicht.
Begegne uns mit deinem Erbarmen,
und leuchte uns mit dem Licht deines Friedens
auf allen unseren Wegen.

Michael Kessler; Gotteslob Nr. 13/5

Wachse, Jesus, wachse in mir:
in meinem Geist, in meinem Herzen, in meiner Vorstellung, in meinen Sinnen.
Wachse in mir in deiner Milde, in deiner Reinheit,
in deiner Demut, deinem Eifer, deiner Liebe.
Wachse in mir mit deiner Gnade, deinem Licht und deinem Frieden.
Wachse in mir zur Verherrlichung deines Vaters, zur größeren Ehre Gottes.

Pierre Olivaint; aus Gotteslob Nr. 6/5

Printed by Books on Demand GmbH, Norderstedt / Germany